AF300342

DES CAUSES

DE LA

DÉPOPULATION FRANÇAISE

ET

DE LA NÉCESSITÉ DE RÉORGANISER

LES SERVICES

D'ASSISTANCE & D'HYGIÈNE

Résultats de l'application de la Loi Roussel dans le Calvados

> « Servir la Patrie est une moitié du devoir,
> servir l'humanité est l'autre moitié ; ils font
> le devoir tout entier. Qui ne le fait pas tout
> entier, ne le fait pas ; telle est la jalousie
> de la conscience. »　　VICTOR HUGO.

PAR

PIERRE FLEURY

Inspecteur du Service des Enfants Assistés

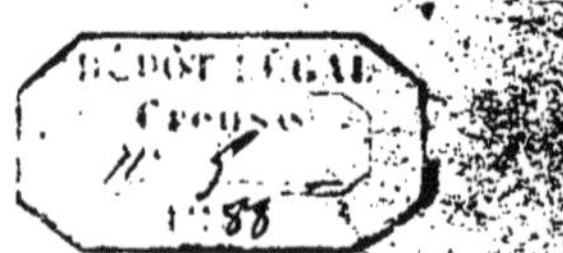

GUÉRET

P. AMIAULT, IMPRIMEUR-LIBRAIRE, 3, RUE DU MARCHÉ

—

1888

DES CAUSES

DE LA

DÉPOPULATION FRANÇAISE

ET

DE LA NÉCESSITÉ DE RÉORGANISER

LES SERVICES

D'ASSISTANCE & D'HYGIÈNE

Résultats de l'application de la Loi ROUSSEL *dans le Calvados.*

> « Servir la Patrie est une moitié du devoir,
> « servir l'humanité est l'autre moitié ; ils font
> « le devoir tout entier. Qui ne le fait pas tout
> « entier, ne le fait pas : telle est la jalousie
> « de la conscience. » VICTOR HUGO.

PAR

PIERRE FLEURY

Inspecteur du Service des Enfants Assistés

GUÉRET

P. AMIAULT, IMPRIMEUR-LIBRAIRE, 3, RUE DU MARCHÉ

1888

Guéret, le 21 Mars 1888,

CHER MONSIEUR,

Je viens de lire avec le plus vif intérêt le travail que vous m'avez fait l'honneur de me communiquer sur « les causes de « la Dépopulation française et la nécessité de réorganiser les « Services d'Assistance et d'Hygiène ». Vous avez abordé là l'étude de problèmes sociaux de l'ordre le plus élevé, qui touchent aux plus chers intérêts de notre Pays et je n'hésite pas à vous dire que, à mon humble avis, vous vous êtes acquitté de la tâche que vous aviez entreprise en homme expérimenté et convaincu.

Cette question de Dépopulation est une question vitale pour la France où l'accroissement de la population se ralentit tous les jours, tandis que, autour de nous, chez les peuples voisins, en Angleterre, en Allemagne, en Italie et en Belgique, le mouvement suit sans cesse une marche ascendante. En France, de nos jours, la population ne s'accroît plus annuellement que dans une proportion de 2 1/2 pour 1000; au commencement du siècle, cette proportion était de 6 pour 1000 et plaçait, à ce point de vue, notre pays au second rang parmi les nations de l'Europe, tandis qu'aujourd'hui il n'occupe plus que le quatrième.

C'est là une situation qui, en s'accentuant, peut devenir pleine de périls; elle préoccupe nos économistes, nos hygiénistes et tous les hommes soucieux de la richesse et de la prospérité nationales. Cette préoccupation est légitime; elle résulte de cette idée, formulée pour la première fois par un illustre économiste, que la grandeur d'un peuple se mesure au nombre de ses Enfants.

C'est cette dernière pensée qui semble vous avoir inspiré dans l'élaboration de votre œuvre; à chaque page, à chaque ligne, on

retrouve cette idée dominante pour la réalisation de laquelle
deux moyens se présentent à votre examen et qui consistent, d'une
part, à encourager la nuptialité et la natalité, et, d'autre part,
chercher à diminuer les causes de léthalité.

L'étude du premier de ces moyens vous amène à formuler des
idées neuves, originales, que l'on ne sera pas toujours disposé à
partager, mais qui sont présentées avec une chaleur si commu-
nicative et une si profonde conviction qu'elles ne peuvent manquer
de faire impression. L'examen du second vous conduit naturellement à énumérer les résultats de l'application de la Loi Roussel,
cette Loi bienfaisante et humanitaire, dont l'influence salutaire
se fait sentir partout aujourd'hui et qui certes n'a pas encore dit
son dernier mot. Nulle part, elle ne semble avoir produit de plus
brillants effets que dans le Calvados : effets merveilleux, car la
mortalité des enfants de moins d'un an est descendue de plus de
30 p. % qu'elle atteignait en 1866 à 8 pour %, en 1886.

Vous êtes heureux, Cher Monsieur, d'appeler l'attention sur
ces derniers chiffres. Je comprends votre satisfaction, car vous
avez pris une part active à la réalisation des résultats obtenus
dans ce dernier département qui peut être cité comme modèle au
point de vue de l'application de la Loi du 23 décembre 1874.
L'expérience que vous avez acquise dans le Calvados,
vous l'avez apportée dans la Creuse où nous voyons aujourd'hui
le service de protection du premier âge institué dans toutes les
communes, des inspections médicales établies partout et une
surveillance active exercée sur les enfants placés en nourrice.
Cette organisation donne déjà d'excellents résultats qui bientôt
deviendront encore meilleurs : vous y aurez contribué pour une
très large part.

Cordialement à vous,

Dʳ F. VILLARD.
**Président du Comité départemental de Protection
de l'Enfance.**

Guéret, le 22 Mars 1888.

Mon cher Inspecteur,

J'ai lu votre livre avec beaucoup de plaisir : Il contient de nombreuses observations et les citations en sont heureusement choisies. Tous mes compliments.

Vous faites bien d'étudier et d'approfondir cette grosse question de l'enfance abandonnée. C'est là un des problèmes sociaux dont la solution s'impose à notre République démocratique. Il faut des hommes comme vous pour préparer les matériaux. Espérons que la Chambre des Députés construira l'édifice.

Bien cordialement,

Votre

Gustave DERENNES.
Inspecteur d'Académie de la Creuse.

INTRODUCTION

Un Médecin de mes amis me communiquait il y
a quelques jours, en m'engageant à y répondre, les
brochures récemment publiées par MM. Lallemand (1)
et Thulié (2) au sujet de la Réorganisation du Service
des Enfants assistés.

J'ai cru devoir résumer les quelques observations
que m'a suggérées l'examen des projets de Loi qui se
trouvent à la fin de ces ouvrages ; j'ai considéré comme
un devoir d'apporter dans le débat soulevé par ces
publications la part modeste de mon concours dévoué.

La récompense que l'Académie de Médecine vient
d'accorder à mon premier travail sur l'hygiène de
l'Enfance m'est d'ailleurs un encouragement à publier
les lignes suivantes, qui résument les principales
considérations que j'avais présentées dans mes derniers
rapports (3).

(1) M. Léon Lallemand, avocat, membre de la Société d'économie politique, *Histoire des Enfants abandonnés et délaissés.*

(2) M. le Dr H. Thulié, ancien Président du Conseil municipal de Paris,
Les Enfants assistés de la Seine.

(3) Je n'ignore pas que le fonctionnaire est un soldat, qu'il doit par conséquent, quels que soient d'ailleurs ses sentiments personnels, obéir aux ordres
de ses Chefs hiérarchiques ; mais il m'a toujours semblé, ainsi que je le faisais

Depuis plus de huit ans, j'appartiens à l'Inspection du Service des Enfants assistés ; depuis plus de huit ans, dans le Calvados, dans les Hautes-Alpes et dans la Creuse, je me suis efforcé de faire diminuer le chiffre de la mortalité infantile et d'améliorer le sort des malheureux enfants dont la surveillance m'était confiée.

MM. Lallemand et Thulié poursuivent certainement le même but ; mais, en parcourant leurs brochures, j'ai constaté que les moyens que nous proposons ne sont pas les mêmes.

MM. Lallemand et Thulié me paraissent avoir surtout examiné la marche du service dans le département de la Seine, particulièrement à Paris, où les crimes des mères contre les enfants sont fréquents ; j'ai été à même de voir et d'apprécier le fonctionnement des services de province où ces crimes sont rares : la divergence de nos opinions est ainsi expliquée.

MM. Thulié et Lallemand ont écrit des volumes de 600 pages, je leur répondrai brièvement et ne les suivrai pas dans les nombreux détails où ils ont cru devoir entrer. Plus tard, s'ils y consentent, nous pourrons reprendre cette discussion.

Je me bornerai aujourd'hui à examiner les questions suivantes :

remarquer dans une brochure qui m'a valu de nombreuses marques de bienveillante sympathie que, dans notre libre et beau pays de France, les Chefs de service ne sont pas, comme certains personnages de l'Orient, condamnés à remplir un rôle muet et contemplatif ; qu'ils ne sont pas forcés de garder le silence lorsque certaines questions, qu'ils sont tenus de connaître, sont publiquement discutées.

La *direction* du Service des Enfants assistés doit-elle appartenir aux Commissions administratives des hospices, ou bien, au contraire, être confiée aux Inspecteurs départementaux ?

Faut-il, au moyen de secours suffisamment élevés et intelligemment distribués, essayer de faire nourrir par leurs mères les enfants illégitimes ? Est-il préférable de faciliter l'*abandon* de ces enfants, soit en rétablissant les *Tours*, soit en ouvrant dans chaque arrondissement un *bureau secret* d'admission ?

Si des *ressources nouvelles* sont reconnues indispensables, à quelles taxes les demandera-t-on ?

Quelles sont les *causes de la Dépopulation Française* et quelles mesures pourraient être prises pour conjurer un mal qui met en jeu l'avenir et la grandeur de notre Patrie ?

La *Loi Roussel* a-t-elle produit de bons effets dans les départements où elle a été sérieusement appliquée, notamment dans le Calvados ? *L'allaitement artificiel* bien dirigé peut-il donner de bons résultats ? Le biberon est-il toujours et forcément un instrument de mort ?

Je serais heureux de faire partager ma manière de voir à mes lecteurs. Si je n'y réussis pas complètement, j'espère du moins qu'ils reconnaîtront que j'ai apporté dans le débat engagé, à défaut d'une compétence éprouvée, une entière sincérité et un zèle ardent pour la cause que je défends.

Si, par hasard, une expression trop vive, traduisant

mal ma pensée, échappait à ma plume, à l'avance j'en demande pardon à mes honorables contradicteurs. Je le répète, les idées de MM. Lallemand et Thulié, en matière d'assistance, ne sont pas les miennes ; mais je rends hommage à leur philanthropie et les tiens personnellement en profonde estime.

FLEURY.

Gueret, le 31 décembre 1887.

I

DIRECTION DU SERVICE DES ENFANTS ASSISTÉS

MM. Lallemand et Thulié suspectent, je ne sais pourquoi, les idées philanthropiques des Inspecteurs départementaux ; cependant je crois pouvoir affirmer que, s'ils avaient bien voulu leur faire l'honneur de les juger, sans parti pris et d'après leurs actes, ils auraient reconnu que ces fonctionnaires ne se bornent pas à *administrer*, qu'ils *aiment* les enfants que leur a confiés la Société et se préoccupent avant tout des moyens à employer pour sauvegarder la vie des nouveau-nés (1).

Dans un Rapport que j'adressais, le 27 juillet dernier, à M. le Préfet de la Creuse, je faisais remarquer qu'on ne peut que

(1) Je tiens beaucoup à ce que l'on ne soit pas tenté, lorsqu'on aura pris connaissance de ce mémoire, de me rappeler cette boutade de J.-J. Rousseau, qui, tout en faisant de beaux discours sur l'éducation des enfants, abandonnait les siens à l'hospice :

« On dépense tout le sentiment en esprit et il s'en exhale tant dans le » discours, qu'il n'en reste plus... dans la pratique ; » c'est pourquoi j'indiquerai sommairement ici les principales réformes qui ont été accomplies, depuis dix-huit mois, dans le département de la Creuse, grâce aux sentiments philanthropiques de M. le Préfet Mastier et à la bienveillance du Conseil Général :

Le taux de la pension des élèves des hospices en âge de fréquenter l'école a été doublé ;

Aujourd'hui, tous les enfants assistés de 6 à 13 ans vont régulièrement à l'école au lieu d'être, comme autrefois, occupés à garder les troupeaux ;

Les élèves qui ont passé avec succès l'examen du certificat d'études primaires reçoivent un livret de caisse d'épargne de 25 francs ;

Les nourrices dévouées obtiennent, à la fin de l'année, une récompense de 25 francs ;

Les pupilles adultes placent maintenant leurs économies à la Caisse

limiter les admissions à l'hospice ; que les secours temporaires ne doivent jamais être imposés. J'ajoutais que, dans certains cas, l'admission à l'assistance s'impose ; qu'*avant toute considération budgétaire*, il faut sauver l'enfant et assurer son avenir ; qu'il faut enfin sauvegarder l'honneur des familles.

J'ai toujours estimé qu'un Inspecteur doit être constamment pénétré de cette pensée qu' « il vaut mieux souvent accepter « un enfant à l'hospice que de l'exposer à la mort ou à la conta- « gion du vice (1). »

Quel intérêt mes Collègues auraient-ils à agir autrement ?

Pour demander que la direction du service soit enlevée aux Inspecteurs, MM. Lallemand et Thulié se basent sur ce fait que l'un d'eux, manquant au devoir professionnel, aurait divulgué un secret qu'il était tenu de garder : il aurait appris à un malheureux époux que sa femme était mère avant leur mariage.

Qu'est-ce que cela prouve ? On a vu des médecins tuer ou lais- ser mourir leurs clients ; on a vu des avocats perdre les meilleures causes. Faut-il donc en conclure que les médecins sont des assas-

---

d'épargne ; chaque année, le Conseil Général leur vote des primes d'encouragement ; du 30 juin 1886 au 30 juin 1887, le montant des versements effectués à leur profit s'est élevé de 3,525 fr. 04 à 8,036 fr. 62 ;

Un service de maternité fonctionne à l'hospice de Guéret ;

Le taux des secours temporaires a été augmenté ;

Les filles-mères en état de récidive ne sont pas exclues des secours ;

Les veuves indigentes et les femmes légitimes pauvres y sont admises ;

L'inspection médicale des nourrissons a été organisée ;

Les Conseils de l'Académie de Médecine ont été largement répandus dans le Département par les Médecins, les Maires, les Sages-Femmes, les Instituteurs ;

Des conférences sont faites par les Juges de paix et par les Médecins-Inspecteurs aux Maires et aux Secrétaires de mairie ;

Des récompenses pécuniaires, des diplômes d'honneur et des témoignages de satisfaction sont accordés, chaque année, non seulement par le Ministre de l'Intérieur, mais encore par le Comité départemental aux nourrices méritantes. Ces récompenses leur ont été décernées officiellement en 1887.

(1) M. Emile Levasseur, Professeur au Collège de France.

sins et les avocats des ignorants ? Evidemment non ; il en est des corporations comme des individus, on doit les juger sur l'ensemble de leurs actes et non d'après un acte isolé.

En province, il n'existe pas de directeurs de l'Assistance publique ; la Loi du 10 janvier 1849 n'est applicable qu'au seul département de la Seine.

Qui donc aurait la direction des services d'assistance, sinon l'Inspecteur départemental ?

MM. Lallemand et Thulié répondent : les Commissions administratives des hospices dépositaires.

Lorsqu'il a rédigé son Rapport du 26 novembre 1878, M. Thulié n'eût pas dû oublier qu'il serait plus facile de trouver à Paris que dans les petites villes de province des personnes dévouées et disposant d'assez de temps pour s'occuper constamment des pupilles de l'assistance.

C'est à peine si certaines commissions administratives se réunissent une fois par trimestre ; comment contraindre les personnes, d'ailleurs fort honorables, qui composent ces commissions à négliger leurs occupations habituelles, leurs intérêts pour consacrer, chaque jour, plusieurs heures à la direction du Service des enfants assistés, à l'examen des demandes d'admission à l'hospice ou aux secours ? Dans un grand nombre de villes, il serait absolument impossible de trouver un administrateur-tuteur disposé à accomplir gratuitement une semblable tâche. L'examen des questions les plus importantes serait donc forcément réservé à un agent irresponsable : secrétaire, économe ou *employé assermenté ;* cet agent irresponsable dirigerait le service, prononcerait les admissions, rejetterait les demandes, engagerait à son gré les finances de l'Etat, du département et des communes ; les administrateurs de l'hospice se réserveraient l'honneur de signer, plus tard, les décisions qui auraient été prises en leur nom.

La mesure proposée par MM. Lallemand et Thulié serait certainement préjudiciable aux intérêts matériels et moraux des enfants assistés ; qu'on en juge par l'extrait suivant d'un procès-verbal des séances du

Conseil Général d......, Séance du 20 *août* 1885, (page 98).

« Nous devons signaler à l'Administration la négligence que
« les Commissions administratives des hospices apportent dans
« l'exercice de leurs fonctions et la mauvaise tenue des regis-
« tres concernant les enfants assistés. »

Je pourrais citer d'autres faits, d'autres exemples. Je pourrais
parler de six enfants assistés propriétaires de modestes maisons
d'habitation ; depuis plusieurs années ces maisons tombent en
ruines. Sur la demande de l'Inspecteur, le Préfet du département
a vainement écrit plus de quinze lettres aux administrateurs de
l'hospice pour les engager à faire exécuter les réparations les
plus urgentes ; rien n'a été fait.

La loi du 15 pluviôse an XIII, que MM. Lallemand et Thulié
trouvent excellente, ne permet pas à l'Inspecteur d'ordonner les
travaux dont il s'agit· ils prétendent même que ce fonctionnaire
devrait se borner à visiter les enfants et qu'il commet une illéga-
lité lorsqu'il se conforme aux prescriptions des circulaires ministérielles des 30 avril 1856, 3 août 1869 et 31 juillet 1870 qui lui
délèguent la tutelle administrative.

Je pourrais parler d'un Receveur d'hospice, qui depuis sept ans,
refuse, malgré les prescriptions formelles de la Loi de pluviôse et
du Règlement du 20 juin 1859, de placer à la Caisse d'épargne les
économies des enfants assistés. Ce Receveur sait qu'il n'a rien à
craindre ; il est couvert par une délibération de la Commission
administrative et le Gouvernement se décide bien rarement à
dissoudre une de ces Commissions, présidées par le Maire de la
Ville et dont font partie deux délégués du Conseil municipal.

Et voilà comment, avec la législation actuelle, les intérêts des
enfants assistés sont sauvegardés dans certains départements !

Il est facile de dire gravement : « Il faut que les Inspecteurs
« inspectent et que l'Administration administre ; » mais il l'est

moins sans doute, puisqu'on ne le fait pas, d'indiquer les moyens à employer pour contraindre à administrer des personnes qui ne peuvent ou ne veulent pas le faire.

Ce qui prouve encore que les Commissions administratives ne sont nullement jalouses des droits que leur confère la Loi de l'an XIII, c'est qu'un très grand nombre ont pris des délibérations pour déléguer à l'Inspecteur la tutelle des enfants assistés.

M. Thulié veut bien laisser à un Directeur la charge morale et matérielle des quarante mille pupilles de l'Assistance publique de Paris ; mais, au nom des principes, il trouve mauvais qu'un Inspecteur départemental soit chargé des intérêts de deux mille enfants assistés ou secourus.

M. le baron de Watteville, ancien Inspecteur général des Établissements de bienfaisance, constate qu' « un grand nombre « de Commissions administratives en France s'occupent peu « de remplir les devoirs que leur impose la Loi du 15 plu- « viôse (1). » Quand on consulte les Enquêtes, quand on prend connaissance des Instructions ministérielles, on voit que la plupart des commissions négligent leurs devoirs de tutelle.

Je comprends, jusqu'à un certain point, que les Commissions administratives aient eu la direction du service jusqu'à l'époque de l'application de la Loi du 5 mai 1869, qui a exonéré complètement les établissements hospitaliers des dépenses occasionnées par les enfants assistés ; mais il n'y a aucune raison pour qu'il en soit de même actuellement, les frais de séjour étant intégralement remboursés aux maisons dépositaires.

Pourquoi la direction du service des enfants assistés appartiendrait-elle aujourd'hui plutôt aux administrateurs des hospices qu'aux membres des Conseils d'hygiène ou des Commissions administratives des bureaux de bienfaisance ? Le fait d'avoir, moyennant finances, hébergé, pendant un temps plus ou moins long, un voyageur ne suffit pas pour autoriser l'hôtelier à lui servir de conseil judiciaire.

(1) *Législation charitable*, tome 1ᵉʳ, page 118.

NOMINATION

Des Inspecteurs Départementaux

M. Thulié, qui a peut-être des raisons pour le demander, voudrait que l'Inspecteur fût un simple agent de surveillance nommé par le Préfet et placé sous les ordres directs de la Commission administrative. Si cette proposition était adoptée, le sort de l'Inspecteur ne serait guère enviable et je me demande quelle serait alors l'autorité de ce fonctionnaire ou plutôt de cet employé subalterne (1).

M. Thulié ignore sans doute que certains hospices refusent systématiquement de placer leurs pupilles à la campagne, puisqu'il veut charger les Commissions administratives du placement des élèves ; il ne sait donc pas que plusieurs Conseils généraux se sont longtemps obstinés à refuser d'augmenter le prix de la pension des enfants assistés, le taux des secours. Pour pouvoir réclamer utilement et au besoin lutter, l'Inspecteur ne doit relever ni de l'autorité du Conseil Général, ni de celle des Commissions administratives.

« Pour être utilement remplies, les fonctions d'Inspecteur
« demandent des hommes actifs, mais graves et qui aient assez
« de fermeté de caractère pour ne point se laisser entraîner aux
« influences locales » (2).

« Pour produire des résultats vraiment utiles, ces fonctions
« demandent à être exercées par des hommes consciencieux,

---

(1) Il n'est peut-être pas inutile de faire remarquer ici que, *toujours et partout*, j'ai entretenu les meilleures relations avec MM. les Administrateurs des hospices dépositaires ; c'est dire que mon raisonnement n'est inspiré par aucun sentiment de rancune personnelle.

(2) Circulaire ministérielle du 12 mars 1839,

« capables, d'une situation indépendante, d'une moralité et d'un
« dévouement éprouvés » (1).

Si le projet présenté par le Conseil Général de la Seine était
adopté, lorsqu'un Inspecteur remplirait mal ses devoirs, on serait
souvent obligé de le tolérer quand même, de fermer les yeux ;
il ferait agir les influences locales, on hésiterait à révoquer un
père de famille. Actuellement, si un Inspecteur est négligent ou
n'a pas de qualités administratives suffisantes, le Ministre lui
adresse des réprimandes, le déplace ou au besoin le révoque.

Comme M. Thulié, je réclame la création d'une *Caisse de
dotation* (2) pour les enfants assistés ; à ce moment, ne sera-t-il
pas rationnel qu'un Service d'État soit dirigé par des fonctionnaires de l'Etat ? On n'a pas, que je sache, songé — sauf à Paris
peut-être — à demander que les Inspecteurs de l'Enseignement
public et les Directeurs des Etablissements pénitentiaires soient
nommés par les Conseils Généraux ?

Je ne sais pas pourquoi M. Thulié veut qu'il y ait deux Inspecteurs dans chaque département. Quels seraient le rôle et les
attributions de ces deux fonctionnaires ? N'y aurait-il pas à craindre
des conflits ? Et ne serait-il pas plus simple de ne placer, dans
chaque département, qu'un seul inspecteur (médecin ou non)

(1) Circulaire ministérielle du 30 avril 1856.

(2) J'indiquerai plus loin au moyen de quelles ressources la Caisse de dotation pourrait être alimentée ; mais, en attendant qu'elle soit créée et aussi
longtemps que les articles 1er, 2 et 3 du Décret du 24 vendémiaire an 11 ne
seront pas abrogés, les Inspecteurs départementaux seront tenus, *tout en
s'efforçant de sauvegarder l'honneur des familles*, de rechercher le domicile
de secours des enfants admis à l'assistance.

Quand je suis arrivé à Guéret, j'ai considéré comme un devoir de reprendre
les dossiers de tous les enfants précédemment admis à l'hospice ; je me suis
aperçu qu'une trentaine de pupilles avaient leur domicile de secours dans
d'autres départements. Je suis persuadé que l'honorable Dr Thulié ne me
blâmera pas d'avoir fait rentrer une somme de 17,000 francs dans la Caisse
du département de la Creuse, quoique la Seine ait eu à rembourser, pour sa
part, plus de 11,000 francs.

assisté d'un Conseil de surveillance, nommé par le Ministre de
l'Intérieur, « d'une situation indépendante, » auquel serait confiée la direction de tous les services d'assistance et d'hygiène (1).

(1) Le tiers au moins des Inspections départementales se trouvent en ce
moment confiées à des Médecins ; les autres Inspecteurs ont été pris dans les
rangs de l'Administration, parmi les Sous-Préfets, les Sous-Inspecteurs, les
Maires de grandes villes ; tous présentent donc les meilleures garanties de
savoir et de compétence nécessaires.

SURVEILLANCE
Des Enfants Assistés et Secourus

L'Inspecteur départemental continuerait de faire annuellement une tournée dans chaque circonscription et un certain nombre de visites inopinées pour s'assurer que les Règlements sont bien observés et que les enfants assistés, secourus et protégés sont régulièrement visités et entourés de bons soins.

Tous ces enfants seraient, comme dans le Calvados, surveillés par des Médecins-Inspecteurs.

Ces deniers, qui habitent la commune même où sont placés les pupilles ou qui y sont appelés fréquemment par les soins à donner à leurs malades, seraient à même d'être bien plus exactement renseignés que l'Inspecteur, qui demeure au chef-lieu du département, sur les habitudes et la conduite des nourrices.

Je voudrais voir appliquées dans tous les départements les dispositions suivantes de l'arrêté réglementaire que j'avais été chargé de préparer, en 1883, par lequel M. le Préfet Monod avait, sur la proposition de M. l'Inspecteur Lefort, organisé, dans le Calvados, la surveillance des enfants assistés et secourus :

Article 1er. — Tout enfant assisté ou secouru temporairement élevé dans une commune du Calvados est placé, quel que soit son âge, sous la surveillance du Médecin-Inspecteur de la circonscription nommé en exécution de la Loi du 23 décembre 1874, lequel joindra à son titre celui de Médecin-Inspecteur des Enfants assistés et secourus. L'enfant est également soumis à la surveillance de la Commission locale instituée par application de la même Loi.

Art. 2. — Les enfants assistés ou secourus temporairement, âgés de moins de deux ans, seront visités une fois par mois, lorsqu'ils ne seront pas élevés par leur mère, et tous les deux mois lorsqu'ils seront élevés par elle ; les enfants âgés de plus de deux ans seront visités une fois par trimestre.

Conformément aux recommandations de l'Académie de médecine, les enfants assistés et secourus seront, dans les trois mois qui suivent leur naissance, vaccinés par le Médecin-Inspecteur.

Art. 3. —

SERVICES DE MATERNITÉ

Et de Constatation Médicale des Décès

Surveillance officieuse des Maires

Je suis d'avis, ainsi que je l'indique plus loin, qu'il doit exister au moins une Maternité dans chaque département, que l'entrée n'en doit être interdite à *aucune* femme ou fille enceinte et que les causes des décès de tous les enfants de moins de deux ans soient régulièrement constatées par des médecins (1). Ouvrir des maternités (2) et faire constater avec soin par les Médecins-Inspecteurs les causes des décès de tous les enfants, voilà les plus sûrs moyens à employer pour réduire, dans des proportions considérables, le nombre des avortements, des mort-nés et des infanticides.

Il est une autre mesure préventive que je voudrais voir appliquée dans les campagnes.

Je ne demande pas que l'on remette en vigueur l'édit de 1556 (3) qui exigeait que la grossesse de la fille fût déclarée et que l'on prît témoignage suffisant de la vie ou de la mort de l'enfant au moment de l'accouchement, car cette législation était

(1) Si le projet de création d'un service médical, destiné à constater les décès de tous les enfants âgés de moins de deux ans, dont j'aurai l'occasion de parler plus tard, voté par le Conseil général de la Creuse dans sa séance du 21 avril 1887 et approuvé par M. le Ministre de l'Intérieur, fonctionnait dans tous les départements; si les causes de tous les décès étaient bien constatées, on ne compterait plus, chaque année, en France, quarante-cinq mille mort-nés et le nombre des décès du premier mois ne s'élèverait pas à soixante mille.

(2) Voir ci-après, page 83.

(3) Cet édit avait été confirmé par les déclarations de 1586 et de 1708.

la source d'abus et de dangers ; mais il me semble qu'on pourrait inviter les Maires à exercer discrètement une surveillance officieuse sur les filles enceintes de leur commune et sur certaines femmes mariées que leur signalerait l'opinion publique.

A la campagne, il est bien rare que, lorsqu'une fille est enceinte, ses voisines n'en soient pas informées dès les premiers mois et que la nouvelle n'en parvienne pas aux oreilles du Maire ; ce dernier pourrait, à ce moment, par la persuasion, les bons conseils, empêcher cette fille d'essayer de se débarrasser du produit d'un instant d'égarement. Il suffit, dans ce cas, de vouloir et quel est le Maire qui ne consentirait pas à s'astreindre à un devoir d'humanité si facile à accomplir.

Le Magistrat qui refuserait de se charger de cette mission mériterait assurément qu'on lui reppelât ces paroles de Saint-Augustin : « Un homme averti de donner à un malheureux (et dans « l'espèce il s'agit d'un pauvre petit être qui ne peut se plaindre) « les secours dont il a besoin pour conserver la vie et qui — le « pouvant — le refuse, est devant Dieu et devant les hommes « coupable de sa mort. »

LES SECOURS TEMPORAIRES

LES TOURS — LES BUREAUX SECRETS D'ADMISSION

Il est de mode aujourd'hui de parler de tout ; il semble même que certaines personnes éprouvent un plaisir particulier à traiter les questions qu'elles n'ont jamais étudiées, dont elles ignorent les premiers mots. D'ailleurs les légendes sont tenaces, difficiles à détruire et que de fois n'ai-je pas ouï des philanthropes affirmer gravement — sans aucune preuve à l'appui, bien entendu, — que les *tours* ont été inventés par St-Vincent de Paul. C'est vraiment bien peu connaître et surtout bien mal juger « ce « grand homme de bien, ce héros de l'humanité », que de le soupçonner capable d'une telle conception (1).

Les premiers tours furent établis, en France, à la fin du douzième siècle ; mais, dès le milieu du quinzième, défense fut faite, par le *vertueux* Charles VII, d'y recueillir les enfants illégitimes, « les bastards »…. *dans l'intérêt des mœurs et de la morale !* La charité privée et les quêtes faites dans les églises devaient suffire à ces derniers. Elles étaient bien insuffisantes,

---

(1) « Saint Vincent de Paul réunissait chaque jour, sous le parvis des « églises, ces pauvres petits êtres que la froide cruauté de leurs mères y « avait exposés et, après les avoir arrachés à la mort, il les transportait et « les faisait élever dans une maison qu'il avait consacrée à cette pieuse des-« tination.

« Voilà ce que faisait Vincent de Paul : il recueillait les enfants aban-« donnés, mais il ne provoquait pas les abandons ; il prévenait, autant qu'il « était en lui, les conséquences funestes de l'inconduite et de la débauche, « mais il n'encourageait pas de pareils désordres. Dans les nobles inspirations « de son cœur, l'idée du Tour ne lui vint jamais, et jamais il n'eut la pensée « d'ouvrir cette espèce de tombe toujours béante où viennent disparaître tous « les enfants qu'il plaît à l'indifférence, au vice, au crime même, d'y entas-« ser. » (Valentin-Smith, conseiller à la Cour d'appel de Riom, ancien mem-bre du Conseil Général de la Loire, 25 septembre 1849).

car on voyait dans les rues de Paris une population entière d'enfants abandonnés mourant de misère et de faim. On exposait sur les places publiques de la capitale les enfants abandonnés en naissant ; on les vendait pour *une pièce de vingt sous* à des misérables qui s'en servaient, après les avoir estropiés, pour exciter la compassion publique ; on en portait beaucoup à Notre-Dame et il était permis à ceux qui les voulaient de les prendre.

Lorsqu'on se rappelle le triste sort qui était, à cette époque, réservé, en France, aux enfants illégitimes, on ne peut que rendre hommage à la pensée qui a inspiré l'institution des tours (1); mais ils n'ont plus de raison d'être, pas plus d'ailleurs que les bureaux secrets d'admission, aujourd'hui que l'assistance est organisée, que le droit des enfants naturels à l'existence a été reconnu, proclamé, inscrit dans nos lois ; aujourd'hui que des secours sont accordés aux mères pauvres.

« Les tours ont pu convenir à un état de civilisation moins « avancé, alors que les crimes échappaient à une justice moins « puissante et que des mœurs plus grossières exigeaient, pour « ainsi dire, des institutions à leur image » (2).

Il en est peut-être autrement à Paris alors qu'on y applique une loi spéciale ; mais, en province, les secours tempo-

(1) M. Charles Quentin, ancien Directeur de l'Administration générale de l'Assistance publique, et tous les Inspecteurs départementaux sont unanimes pour conclure au non-rétablissement des Tours.

Le Congrès international d'hygiène de Paris refusa, au mois d'août 1878, d'adopter les conclusions du rapport de M. le Dr Marjolin concluant à leur rétablissement ; il déclara laisser à l'honorable rapporteur l'entière responsabilité de ses opinions.

La même année, les Conseils généraux furent consultés : 76 prirent des délibérations pour condamner cette institution surannée.

En 1849, 55 Conseils généraux avaient demandé le maintien des tours ; ce rapprochement prouve que, depuis quarante ans, les secours temporaires ont donné d'excellents résultats et laisse penser que la très grande majorité des Assemblées départementales serait hostile au projet de création des *bureaux secrets d'admission*, projet qui n'a été voté que par le Conseil général de la Seine.

(2) Duchâtel, *De la Charité.*

raires accordés aux mères pauvres (mariées ou non), réminiscence des secours aux filles-mères proposés par M. de la Rochefoucauld-Liancourt, à l'Assemblée nationale, donnent d'excellents résultats, à tous les points de vue.

Le Dr Brochard ignorait sans nul doute ces résultats, lorsqu'il dénonçait « le système actuel comme la plus grande des erreurs « administratives, comme une œuvre immorale, inhumaine, « illégale en outre et coûtant la vie à des milliers de nouveau-« nés » (1) !

Presque toujours, l'enfant secouru est élevé par la mère ou par les grands-parents qui s'y attachent et le soignent fort bien (2) ; la preuve, c'est que la mortalité des enfants illégitimes diminue progressivement. La moyenne des décès parmi les enfants secourus a été de 2.82 p. % en 1884, de 3.36 en 1885 et de 2.30 en 1886, dans le département de la Creuse ; elle est plus faible que celle des enfants légitimes élevés dans la famille (3).

« La fille-mère est moralisée par la présence de son enfant qui « la maintient dans la voie du repentir, tandis que celle qui « s'est déchargée de tout devoir oublie bien vite sa première « faute.

« L'enfant qu'une sorte de fatalité semblait avoir condamné « avant sa naissance a droit à la vie, il a droit aussi à sa mère. « Le pays de son côté a droit à tous ses enfants » (4).

Je ne demanderai pas à M. Thulié où il a vu que les filles-mères en état de récidive soient exclues des secours, dans le Calvados. Mais je lui ferai remarquer que si les Inspecteurs

---

(1) Dr Brochard, *la Vérité sur les enfants trouvés.*

(2) Parmi les 526 enfants admis, à la date du premier janvier dernier, aux secours du département de la Creuse, 439 étaient élevés dans la famille.

(3) La mortalité minime constatée parmi les enfants surveillés : assistés, secourus et protégés me fait réclamer depuis longtemps l'application de la Loi Roussel à *tous les enfants de moins d'un an indistinctement*, qu'ils soient élevés dans la famille ou confiés à des nourrices salariées.

(4) M. Emile Laurent, *l'Etat actuel de la question des enfants assistés.*

départementaux ont soin, comme c'est leur devoir, d'engager les filles-mères à garder leur enfant moyennant l'allocation d'un secours temporaire, ils se gardent bien de leur imposer ce secours, de leur imposer l'obligation de garder leur enfant.

Je ne m'explique pas bien non plus pourquoi, après avoir combattu le *Rétablissement des Tours* et notamment la proposition présentée par M. Bérenger, sénateur, M. Thulié demande que l'on autorise n'importe quelle personne à venir abandonner à l'hospice un enfant quelconque sans avoir à fournir aucun renseignement; pourquoi, en un mot, il veut qu'il y ait un *bureau secret* d'admission au chef-lieu de chaque arrondissement. Ne suffit-il pas qu'il y ait au chef-lieu du département un *bureau ouvert* occupé par l'Inspecteur?

Il serait facile d'établir qu'un grand nombre de filles-mères et même de femmes mariées qui, aujourd'hui, élèvent convenablement leurs enfants et les aiment beaucoup, les auraient déposés à l'hospice, ces enfants, si la Loi les y eût autorisées; en veut-on une preuve?

Cent quatorze enfants furent déposés, en 1853, dans les tours qui existaient, à cette époque, à Guéret et à Aubusson; cependant, depuis plusieurs années, des secours étaient accordés, dans le département de la Creuse, aux filles-mères qui les réclamaient (1). Ces 114 abandons ne prouvent-ils pas que lorsque certaines femmes ont la possibilité d'opter entre le tour ou un secours, elles préfèrent se débarrasser entièrement de la charge d'élever leur enfant?

« Les conseils de l'*employé assermenté* » seraient, comme « les « avis placés aux abords et dans l'intérieur des tours », impuissants à modifier les intentions de la personne qui serait venue jusqu'à la porte de l'hospice dans le but d'abandonner son enfant.

(1) Nous n'avons plus sur nos contrôles le nom d'aucun enfant appartenant à la première catégorie établie par l'article 1er du Décret du 19 janvier 1811. Depuis longtemps, il n'est plus question qu'à titre de légende des enfants trouvés dans le département de la Creuse. Cependant à la date du 31 décembre 1869, le nombre de ces enfants s'élevait encore à 312.

La fille-mère n'est pas attachée au nouveau-né par le seul fait de l'avoir porté dans son sein ; c'est seulement lorsqu'elle l'aura soigné pendant quelques jours que l'amour maternel se développera en elle, que la voix du sang se fera entendre. Cet enfant, né d'une faute, aura certainement rencontré le regret avant d'avoir inspiré le repentir; l'allaitement maternel, les soins, les mille soucis, les caresses, voilà les liens qui uniront la mère à l'enfant (1).

Il faut donc tâcher de faire conserver l'enfant par sa mère afin que ces liens se développent.

C'est évidemment le but que poursuivait la Convention lorsqu'elle décréta le 17 pluviôse an II, que : « Toute fille qui, pen-« dant dix ans, soutiendra avec son travail son enfant illégitime « aura droit à une récompense publique. »

Si le projet de M. Thulié était adopté, le nombre des infanticides ne serait pas moins grand, mais celui des admissions à l'hospice serait plus élevé qu'à l'époque où les tours existaient, car alors les mères coupables ne seraient plus tenues de se cacher pour accomplir cet acte, désormais reconnu légal, et que M. Dufaure a qualifié d'immoral (2). Il serait trop facile de prouver que la mise à exécution des articles 7, 8, 9, 10, 11 et 12 du projet de loi dont il s'agit (3)

(1) « Si vous n'eussiez modéré mon impatience, j'aurais cruellement « déchiré mon fils qui fait maintenant tout le plaisir de ma vie. » (Fénélon, *La patience et l'éducation corrigent bien des défauts*).

(2) « Il y a dans la question des enfants trouvés une chose qui sera tou-« jours vraie partout; c'est que l'exposition d'un enfant est une immoralité « de la part de la mère qui l'abandonne. »   J. DUFAURE.

(3) Projet de Loi sur les Enfants assistés présenté par M. le Dr Thulié.

Art. 7. — Chaque chef-lieu d'arrondissement doit être muni d'un hospice dépositaire destiné à recevoir les Enfants assistés.

Art. 8. — Le bureau des abandons, communiquant directement avec la voie publique, est ouvert de jour et de nuit. Ledit bureau ne doit être occupé que par un seul employé.

Art. 9. — Les employés attachés à la réception des enfants sont astreints au secret par serment.

Art. 10. — Si c'est la mère qui fait l'abandon, l'employé du service se borne

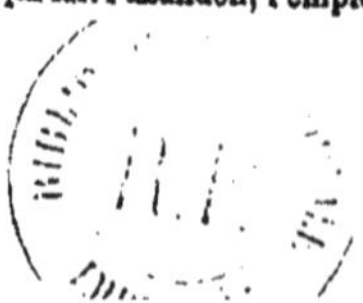

2

Obérerait inutilement les budgets de l'Etat, des départements et des communes ;

Provoquerait l'abandon des enfants légitimes ;

Favoriserait la dépravation des mœurs ;

Fermerait la porte au repentir ;

Priverait les enfants d'un état civil ;

Faciliterait les infanticides (1).

Ferait augmenter considérablement la mortalité infantile (2).

à énumérer les inconvénients de l'abandon et les avantages de l'allaitement maternel facilité par un secours ; si c'est une autre personne, il immatricule l'enfant purement et simplement, après s'être informé s'il a été inscrit sur les registres de l'état civil. Dans l'un et l'autre cas, il ne doit exercer aucune pression.

Art. 11. — Les enfants peuvent être abandonnés, soit par les mères elles-mêmes, qui ne sont pas astreintes à se faire connaitre ou à signer le procès-verbal, soit par toute autre personne.

Art. 12. — L'abandon se fait sans témoin d'aucune sorte autre que l'employé assermenté ; l'enfant, après avoir reçu son numéro d'immatriculation devant la personne qui abandonne, est passé aux gens de service par ledit employé.

(1) Qui donc pourrait prouver à la femme accusée d'avoir commis un infanticide qu'elle ment lorsqu'elle répondrait : « Mon enfant, je l'ai porté au *bureau secret.* »

(2) Dans certains départements, la moyenne des décès de la première année parmi les enfants déposés dans les tours était de *80 pour cent ;* 90.50 dans la Loire-Inférieure. En 1861, dernière année que le tour est resté complètement libre, la mortalité a atteint, dans la Seine-Inférieure, le chiffre incroyable de 98.25 p. 0/0. Ces chiffres qui, de prime abord, paraissent invraisemblables, s'expliquent quand on se rend compte de l'état déplorable où se trouvaient les enfants apportés dans le tour. Plusieurs y ont été recueillis morts ; la plupart y étaient apportés mourants, clandestinement la nuit, après avoir été exposés pendant de longues heures à toutes les intempéries ; ils étaient alors dans un état d'épuisement tel que les meilleurs soins et toutes les ressources de la médecine étaient impuissants.

Moloch a dévoré moins d'enfants que n'en ont laissé périr les tours Michelet songeait sans doute à ces infortunées victimes lorsqu'il écrivait : « Le berceau est pour un nombre énorme d'enfants un petit moment de « lumière entre la nuit et la nuit, »

Voilà pourquoi je trouve ces dispositions nuisibles aux enfants — je fais une exception en ce qui concerne.Paris et quelques autres grandes villes — et pourquoi je les combats énergiquement.

Si ces dispositions étaient appliquées en province, le nombre des abandons, les dépenses du service (1) et la mortalité infantile augmenteraient considérablement. Les indigents anglais disent aujourd'hui : « Nos enfants ne sont pas à nous, ils appartiennent « à la paroisse » ; les Français pauvres diraient bientôt : « Nos « enfants ne sont pas à nous, ils appartiennent à l'Etat. » Et bientôt aussi il serait permis de répéter ces paroles que M. Villermé prononçait en 1838 : « Il a eu raison celui qui a osé dire « qu'on pouvait mettre au-dessus de ces maisons (les hospices) : « Ici, on fait mourir les enfants aux frais du public. »

On m'objectera peut-être qu'il est nécessaire de sauvegarder l'honneur des familles ; c'est aussi mon avis, mais je ferai remarquer que le *bureau secret*, pas plus que le *tour*, ne sont indispensables pour assurer un secret que ne refusera jamais de garder l'Inspecteur.

La mère coupable aurait presque toujours besoin d'un complice pour aller déposer son enfant à l'hospice, et quel confident rétribué serait-elle obligée d'employer ?

Bien souvent une de ces logeuses équivoques, matrone ou sage-femme, toujours disposées à accepter de louches et honteux compromis et dont le meilleur revenu est *l'industrie des anges* (2).

Tout récemment encore, j'admis sans enquête, à l'hospice de Guéret, deux enfants qui avaient été déciarés à l'état civil comme nés de père et de mère inconnus. Le Préfet, qui *seul* (3)

---

(1) Dans le département de la Creuse, les dépenses du service des enfants assistés se sont élevées en 1886, à . . . . 56.460 fr. 25
En 1853, à 84.968, 81

(2) En 1837, le Préfet de Police interdit aux sages-femmes de faire les abandons ; de 4,644, ils tombèrent immédiatement à 3,207.

(3) L'Inspecteur des Enfants assistés, nommé par le Ministre de l'Intérieur ne fait pas partie du personnel dont s'occupe le décret du 12 juillet

avait qualité pour me demander des explications, ne réclama
pas le moindre renseignement à l'appui de mes propositions. Il
ne chercha nullement à connaître les noms des parents de ces
enfants ; il respecta le *secret professionnei* que j'ai promis de
garder. Je lui déclarai que j'avais reconnu la nécessité de sauvegarder l'honneur de deux familles ; il ratifia les décisions que
j'avais prises.

Ce n'est pas seulement dans la Creuse que les choses se passent de cette façon ; mes Collègues pensent comme moi et agis-
sent, à l'occasion, de la même manière.

Le récit des faits suivants indiquera quelle est en pareille cir-
constance la façon de procéder des Inspecteurs, lorsqu'ils se
trouvent en présence d'une demande d'admission à l'hospice d'un
enfant dont il importe de cacher la naissance.

— Il y a quelques années, alors que j'étais Sous-Inspecteur dans
le Calvados, je vis un jour entrer dans mon bureau une jeune
mère accompagnée de ses deux enfants : un beau garçon de trois
ans et une charmante fillette de vingt mois. Elle me fit part de
son intention d'abandonner sa fille. J'essayai inutilement de la
lui faire conserver, faisant appel à ses sentiments maternels et
lui promettant un secours élevé ; elle me répondit : « Je ne puis
« supporter la vue de cette enfant : c'est le portrait de son père
« qui m'a lâchement abandonnée ; je la tuerai en sortant de là si
« vous ne la prenez pas ! » Comme je connaissais la situation de
cette malheureuse, je gardai son enfant.

— La nourrice d'un petit garçon, déclaré à l'état civil comme
né de père et de mère inconnus, ne recevant plus aucun salaire
depuis assez longtemps, menaçait de l'abandonner. La sage-femme
qui avait fait le placement vint me voir ; je lui donnai connaissance de la Circulaire ministérielle du 20 février 1861, et
l'invitai à payer à la nourrice les sommes qui lui étaient dues

1859, personnel auquel je m'honore d'avoir appartenu pendant sept ans ;
comme les Chefs des autres services départementaux, il n'est tenu de rendre compte de ses actes qu'au Préfet et au Ministre.

ou à faire connaître les parents de l'enfant. Elle finit par me donner le nom de la mère : une jeune fille de 17 ans, parfaitement élevée, appartenant à une famille, riche encore il y a quelques années, aujourd'hui ruinée. Cette malheureuse jeune fille, avait été séduite à l'âge de 15 ans, par un homme marié, un ami de sa famille, un parent, son parrain ! La mère seule connaissait sa faute ; il lui était impossible de payer les mois de nourrice et elle ne pouvait pas davantage, sans perdre sa réputation, reprendre son enfant. Je le fis admettre à l'hospice.

— Il y a environ trois ans, une Dame me demandait de faire admettre au nombre des abandonnés « *une enfant à laquelle elle portait un vif intérêt.* » Pressée de questions, cette personne, qui n'est nullement indigente, m'avoua qu'elle était la mère de l'enfant, laquelle était venue au monde pendant une longue absence du mari. Il fallait, à tout prix, cacher à l'époux trompé, la naissance de l'enfant adultérin. Je me chargeai de placer cette jolie petite fille de huit mois et, jusqu'à mon départ de Caen, j'ai fait parvenir à la nourrice, au commencement de chaque mois, l'argent que m'envoyait la mère.

Le secret des tours peut, je le répète et crois l'avoir suffisamment prouvé, être avantageusement remplacé par la discrétion des Inspecteurs.

Entre les admissions sagement réglées et les tours ou les *bureaux secrets* d'admission (1) qui recevraient tous les enfants qu'on leur présenterait, *même les enfants légitimes* dont les parents pourraient payer les frais d'éducation, il y a une différence essentielle.

A la femme qui veut demeurer seule maîtresse de son secret, la Société a le droit de répondre : « Gardez votre enfant ; je « ne vous demande pas votre nom, ni, par conséquent, celui

---

(1) Ces *bureaux secrets* seraient pour les laborieuses et naïves populations des campagnes une provocation au mal, un encouragement à l'oubli des sentiments les plus naturels et des devoirs les plus sacrés, une prime à l'immoralité et à l'imprévoyance.

« qu'il aurait le droit de porter ; qu'il reste donc sans état civil,
« sans autre déclaration que celle d'être né de père et de mère
« inconnus. Mais pour prix de ce secret, que je ne cherche pas
« à pénétrer, gardez votre enfant, élevez-le ou faites pourvoir au
« soin de son éducation ; ne me demandez rien, je ne vous
« demanderai rien à vous-même. Mais si vous implorez mon
« assistance, si vous voulez vous décharger sur moi de l'accom-
« plissement de vos devoirs de mère, j'ai le droit d'examiner,
« moi Société, pourquoi je vous tiendrais quitte de ces mêmes
« devoirs, pourquoi j'accepterais de me substituer à vous et de
« prendre, aux dépens de l'intérêt public, la charge de vos
« intérêts privés. Cette charge ne peut tomber sur moi qu'en
« vue d'une grande nécessité ; cette nécessité, seule, j'ai le droit
« de l'apprécier et de la reconnaitre (1). »

Ce n'est pas en rétablissant le *tour*, cette *boite aux infanticides*(2),
« ce confident ou plutôt ce complice dur, aveugle, muet et sourd
« qui sépare de la Société ceux qu'il laisse à la vie (3) ; » ce
n'est pas davantage en ouvrant des *bureaux secrets* d'admission,
qui seraient, selon l'expression de l'illustre savant anglais Henri
Brougham, « les plus belles petites *machines à démoralisation*
« qu'on ait inventées », qu'on arrivera à empêcher les infanticides et à faire diminuer la mortalité infantile ; mais on y par-
viendrait certainement en réprimant les excès de la séduction (4),

(1) Commission des Enfants trouvés. — Séance du 20 septembre 1849,
p. 121.

(2) Après avoir rappelé cet aveu, sorti de la bouche d'une religieuse : « *Le
« tour n'est pas seulement la boite aux abandons, il est encore la boite aux
« infanticides*, » mon honorable Collègue de la Loire-Inférieure, M. H. Pallu,
raconte dans sa très intéressante brochure : *La Vérité sur les Tours*, que la
digne sœur, autrefois commise à la surveillance du tour de Bordeaux, lui
disait un jour, en lui montrant cette boite maudite : « Ah ! Monsieur, on n'y
« apportait pas seulement des nouveau-nés ; un matin j'y ai trouvé un enfant
« de trois ans, l'ouverture étant trop petite pour son pauvre petit corps devenu
« trop grand, on lui avait brisé la colonne vertébrale afin de pouvoir l'y faire
« pénétrer ; cassé en deux, il était là mort, à cette place comme tant d'au-
« tres ! »

(3) Victor Lefranc, rapport du 16 mars 1850.

(4) Je ne demande pas qu'on remette en vigueur l'ordonnance de 1670 qui

en créant des services gratuits de maternité, en distribuant
généreusement et intelligemment des secours aux mères pauvres,
mariées ou non, comme le prescrivait la Loi du 28 juin 1793 (1),
en faisant surveiller les nourrices, en veillant à ce qu'elles soient
régulièrement payées (2) et en faisant vérifier les causes des décès
de tous les enfants.

autorisait la mère à porter plainte contre celui qu'elle accusait de paternité ;
je ne réclame pas davantage la modification de l'article 340 du Code civil,
c'est-à-dire la *recherche de la paternité* ; j'estime comme M. Léon Lallemand
qu'il ne devrait pas y avoir de paternité véritable, c'est-à-dire de *relations de
père à fils*, en dehors du mariage ; ce que j'ai toujours demandé, c'est que,
dans certains cas, le *séducteur* soit tenu de payer, en vertu de l'article 1382, à
la *personne séduite*, une indemnité pécuniaire pour la charge de l'enfant né
ou à naître et pour la perte de l'honneur, cette belle

.... île escarpée et sans bords,
Où l'on ne peut rentrer quand on en est dehors.

Aujourd'hui, le séducteur peut tout promettre, tout oser, puisque la *Loi*
française le délie de tous ses serments, ne l'oblige à rien envers ses enfants
naturels. Nos lois ne protègent pas suffisamment la femme et l'enfant et
cependant je me rappelle que notre grand Poète a écrit quelque part : « Mon-
« trez-moi la femme et l'enfant ; c'est à la quantité de protection qui entoure
« ces deux êtres faibles que se mesure le degré de civilisation. »

Une réforme législative, dit M. Albert Millet, dans son livre remarquable :
la Séduction, est en France absolument nécessaire. Et M. Le Play, dans son
savant ouvrage sur l'*Organisation du Travail*, rapporte que les lois qui, en
France, assurent l'impunité de l'homme en matière de séduction, sont un
sujet d'étonnement pour les Anglo-Saxons des deux hémisphères. Les Amé-
ricains du Nord, en particulier, condamnent sévèrement ce genre d'*aberra-
tion ;* « il les a, dit-il, souvent entendus déclarer que sous ce rapport les
« Français *ont perdu le sens moral.* »

(1) La Loi du 28 juin 1793 posait en principe que « les pères et mères qui
« n'ont pour toute ressource que le produit de leurs travaux, ont droit aux
« secours de la Nation, toutes les fois que ce travail n'est plus en rapport avec
« les besoins de leur famille. »

Cette Loi humanitaire a été abrogée ; mais j'ai été heureux de voir ses
principales dispositions reproduites, en partie, dans l'article premier de la
proposition de loi récemment déposée par l'honorable M. Martin Nadaud,
député de la Creuse, tendant à établir une *organisation nationale de l'Assistance publique.* Espérons que l'on se décidera enfin à faire quelque chose
pour les classes laborieuses de la population.

(2) Voir ci-après (page 71) le moyen employé dans la Creuse pour assurer
le payement des salaires dus aux nourrices.

II

RÉORGANISATION

DES SERVICES D'ASSISTANCE & D'HYGIÈNE

MOYENS FINANCIERS

Tous les Patriotes sont d'accord pour reconnaître qu'il est absolument nécessaire de combattre les causes de la dépopulation de notre Pays, qu'il est indispensable de prendre des mesures efficaces pour assurer à notre chère France la possession du rang glorieux qu'elle occupe dans le monde depuis tant de siècles, pour ne « pas laisser périr notre passé de gloire intel-« lectuelle et les idées généreuses qui représentent notre tradi-« tion nationale » (1).

Les avis sont seulement partagés lorsqu'il s'agit de créer les rentes indispensables au fonctionnement des services d'assistance, de protection et d'hygiène.

Je n'ai pas la prétention d'imposer une solution; mais, lorsque je me rappelle qu'on a su constituer dans un petit pays, la Suisse, le *patrimoine des pauvres*, patrimoine qui peut indéfiniment augmenter sans jamais s'amoindrir, je suis amené à me demander quelles sont les raisons sérieuses qui s'opposeraient à la création, en France, d'une *Caisse de l'Assistance publique*.

L'administration de celte caisse dont la création n'augmente-

(1) Professeur Brouardel, discours prononcé à Caen le 28 décembre 1884.

rait pas les charges des départements et des communes, qui fourniraient pour le fonctionnement des nouveaux services une subvention égale à la moyenne des sommes qu'ils ont versées pendant les cinq dernières années pour les différents services d'assistance, serait confiée au Directeur Général de la Santé publique, au Ministère de l'Intérieur, lequel serait assisté d'un Conseil supérieur d'hygiène et d'assistance.

L'État aurait alors la direction exclusive des différents services d'assistance et d'hygiène, ce qui lui permettrait de faire cesser certaines situations anarchiques qu'il se voit quelquefois obligé de tolérer.

Il serait, à ce moment, possible de modifier les articles 1er, 2 et 3 du décret du 24 vendémiaire an II ; 2, 5, 9, 12 et 18 de l'arrêté du 30 ventôse an V ; 1er, 7 et 8 de la Loi du 15 pluviôse an XIII ; 14 et 15 du décret du 19 janvier 1811 ; 3 et 4 de la Loi du 7 août 1851 ; 5 de la Loi du 5 mai 1869 ; 46 de la Loi du 10 août 1871 ; 15 de la Loi du 23 décembre 1874.

Le secret des familles serait mieux sauvegardé, puisque la recherche du domicile de secours serait supprimée. L'enfant restant dans le département où il aurait été admis à l'assistance, sa santé ne risquerait pas d'être compromise par des voyages désormais inutiles. Les dépenses seraient moins élevées, puisqu'il n'y aurait plus de frais de rapatriement à rembourser, plus de correspondances à échanger.

Sans être égale dans tous les départements et pour tous les âges, la pension des élèves des hospices ne serait certainement pas, comme aujourd'hui, fixée à *20 francs* par mois dans certaines régions et à *4 francs* seulement dans d'autres contrées.

Le taux des secours mensuels alloués aux enfants secourus ne varierait plus de 6 à 25 francs.

On n'aurait pas ce triste spectacle d'une Loi essentiellement humanitaire (la Loi Roussel), désirée depuis longtemps par l'opinion publique, réclamée instamment par le Corps médical, votée à l'unanimité par le Parlement et restant pendant de longues années, faute de crédits suffisants, inobservée dans plusieurs départements (1).

La loi sur les enfants abandonnés, délaissés ou maltraités, déjà votée par le Sénat, serait enfin appliquée, ce qui permettrait d'arracher, en leur procurant une bonne éducation, un grand nombre d'enfants à la fatalité du vice (2).

« Ne croyons pas, dit Plutarque, que ceux qui sont moins « heureusement nés, ne puissent, par une éducation soutenue « réparer avantageusement le défaut de la nature..... Si le meil- « leur naturel se corrompt, faute de culture, l'éducation réforme « aussi ce que le naturel a de vicieux et il n'est rien dont le tra- « vail et l'exercice ne viennent à bout........ Une bonne terre « devient stérile faute de culture.......; est-elle ingrate ? un « travail assidu la rendra bientôt féconde. » « Tel, fait remarquer « Victor Hugo dans *Claude Gueux*, a assassiné sur les grandes « routes qui, mieux dirigé, eût été le plus excellent serviteur de « la Cité. » Et MM. Théophile Roussel, Jules Simon et un grand nombre d'autres illustres savants établissent, par les merveilleux résultats obtenus, depuis plusieurs années, en Amérique, en Angleterre, à Paris même qu'on eût pu, en les arrachant des mains des parents indignes auxquels ils avaient le malheur d'ap- partenir, faire des hommes honnêtes et utiles de la plupart de

______

(1) Quatre départements, l'Ardèche, la Charente, la Dordogne et les Hautes-Pyrénées, persistent à se refuser à son exécution, et douze autres départements ne votent que des crédits notoirement insuffisants.

(2)   « Alors l'enfant me dit avec une voix douce :
Une vieille m'apprend à demander l'aumône;
Elle est méchante avec son visage tout jaune !
Et quand je ne dis pas aussi bien qu'il le faut :
« Un petit sou, monsieur, pour être heureux là-haut, »
Elle me bat très fort et me met à la porte,
Après avoir compté les sous que je lui porte.
Je ne suis pas de ceux qui font de mauvais tours ;
Mais je suis si petit qu'on me frappe toujours
Et que je n'ai jamais ni billes ni galettes. »
Clovis Hugues, *Poésies choisies*.

ces précoces malfaiteurs qui nous effrayent par l'audace de leurs crimes.

Des services gratuits de maternité seraient organisés partout.

Dans chaque département un service d'hygiène et de médecine gratuite serait créé (1).

M. de Crisenoy faisait remarquer récemment que dans 43 départements, il n'existe pour les campagnes aucune organisation de secours médicaux pour les indigents et que, dans les autres, le fonctionnement du service laisse souvent à désirer.

L'Assistance publique serait organisée dans les campagnes; on sait, en effet, que cette assistance n'existe pas et que la Loi du 7 août 1851 a rendu facultatifs pour les communes les devoirs d'assistance.

Sur 35,989 communes, 13,667 seulement possèdent des bureaux de bienfaisance; il n'y a actuellement qu'un bureau pour trois communes et pour 2,765 habitants. Et encore 644 bureaux ne fonctionnent pas et plus de 10,000 ne reçoivent aucune subvention municipale.

C'est à peine si, en moyenne, chaque indigent reçoit annuellement *20 francs*.

Il me semble qu'on oublie trop que les Français payent, en

(1) *Le projet de création d'un Service départemental d'hygiène et de Médecine* présenté, en 1883, par M. Monod comprenait :

1° Constitution d'un bureau départemental d'hygiène ;

2° Organisation d'une inspection médicale des écoles publiques ;

3° D'une inspection médicale des enfants assistés et secourus ;

4° D'un service médical pour les indigents ;

5° D'un service des épidémies ;

6° De la surveillance des pharmacies ou drogueries, épiceries et autres établissements débitant des boissons ou des substances alimentaires ;

7° La création d'un laboratoire départemental ;

8° La surveillance des logements et établissements insalubres ;

9° La propagation de la vaccine.

moyenne, *72 francs* d'impôts (1) et que, par leur travail, les citoyens contribuent à l'accroissement de la richesse nationale.

Lorsque la maladie ou les charges de famille ont empêché l'ouvrier de réaliser des économies, il est réduit, quand il est vieux et ne peut plus travailler, à mendier son pain, car une somme de *vingt francs* n'est pas suffisante pour assurer sa subsistance (2); incontestablement la Société devrait faire davantage pour les déshérités de la fortune.

Qu'il me soit permis de dire qu'en France l'on ne se préoccupe pas assez du sort des indigents; et cependant, il y a bien longtemps que le droit aux secours, que le droit du pauvre à être assisté, a été solennellement reconnu. J'ai déjà rappelé les dispositions de l'art. 1er de la Loi du 28 juin 1793 (3); voici en quels termes s'exprimait, le 15 juillet 1790, devant l'Assemblée nationale, M. le Duc de la Rochefoucauld-Liancourt, Président et Rapporteur du *Comité pour l'extinction de la mendicité* (4) :

« Dans ses rigueurs comme dans sa bienfaisance envers le
« pauvre, tout est resté également imparfait et défectueux dans
« les soins du Gouvernement. Le désir si touchant de soulager la
« misère, d'adoucir l'infortune est incessamment entré dans ses
« vues; mais, peu éclairé sur cette partie de ses devoirs et
« embarrassé dans sa marche par des entraves étrangères, il n'en

(1) Sur cette somme de 72 francs, 33 fr. 75 sont affectés au payement des intérêts de la dette publique, qui est de 37, 5 milliards, soit 987 fr. 05 par tête. Depuis 1870, la dette publique des Etats européens a augmenté de 40 milliards, elle s'est élevée de 75 à 115 milliards ; tous les pays d'Europe sauf l'Angleterre et le Danemark se sont endettés.

(2) En France, l'entretien d'un soldat coûte, en moyenne, 1,295 francs.

(3) Voir page 23.

(4) *Le Comité pour l'extinction de la mendicité* était composé de MM. le Duc de La Rochefoucauld-Liancourt ; Massieux, curé de Clergy ; Prieur ; de Coulmiers, Abbé d'Abbécourt ; de Crétot ; Dr Guillotin ; David, curé ; Abbé de Bonnefoy ; Évêque d'Oléron ; Évêque de Rodez. Ce Comité comptait donc, sur dix membres, six du clergé, deux de la noblesse, deux du tiers.

« a jamais ni bien conçu le projet ni efficacement posé l'exécu-
« tion......

« L'extinction de la mendicité est le plus important problème
« politique à résoudre ; mais la solution devient un devoir pour
« une Nation sage et éclairée qui, élevant une constitution sur
« les bases de la justice et de la liberté, reconnaît que la classe
« nombreuse de ceux qui n'ont rien appelle de tous les droits de
« l'homme les regards de la Loi. Jusqu'ici cette assistance n'a
« été regardée que comme un bienfait ; elle n'est qu'un devoir,
« mais ce devoir ne peut être rempli que lorsque les secours
« accordés par la Société sont dirigés vers l'utilité générale. »

J'estime, avec les Législateurs de 1790 et avec ceux de 1793,
que la Société est tenue de s'occuper de l'enfant pour lui assurer
la vie d'abord, l'éducation intellectuelle et morale ensuite ;
de l'homme fait, pour lui procurer du travail quand il est
valide, lui rendre la santé quand il est malade, lui garantir
l'existence paisible quand il est infirme ; enfin du vieillard, pour
préserver ses derniers jours du besoin.

Le Congrès international pénitentiaire de Rome (octobre 1885),
appelé à se prononcer sur les moyens propres à employer pour
prévenir et combattre la mendicité et le vagabondage, émit le
vœu : « 1° que l'assistance publique soit réglée de telle manière
« que chaque personne indigente soit sûre de trouver des moyens
« de subsistance, mais seulement en récompense d'un travail
« adapté à ses facultés corporelles ; 2° que l'indigent qui malgré
« cette assistance ainsi réglée se livre au vagabondage et tombe
« sous le coup de la Loi soit puni sévèrement par des travaux
« obligatoires dans des maisons de travail » (1).

Je ne saurais mieux résumer les devoirs de la Société envers
les pauvres qu'en reproduisant le passage suivant d'un discours prononcé à Caen, il y a quelques années, par un philan-
thrope éclairé :

(1) Les dépenses nettes du service pénitentiaire se sont élevées, en 1886,
à 15,478,582 francs. La population internée dans les divers établissements
pénitentiaires de France et des colonies est d'environ 60,000 individus.

« Nous ne sommes pas de ceux qui divisent la Société en deux
« parts : ceux qui reçoivent l'aumòne et ceux qui la font. L'as-
« sistance publique n'est pas une aumòne, c'est l'accomplisse-
« ment d'un devoir social. L'ouvrier, l'ouvrier des campagnes
« comme celui des villes, doit, pour autant qu'il dépend de lui,
« travailler quand il est valide. Mais quand le produit de son
« travail suffit à peine à sa subsistance, quand dans ces condi-
« tions son activité est arrêtée par la maladie, qu'il ne peut plus
« par conséquent et sans qu'il y ait aucune faute de sa part pour-
« voir à ses besoins, ma conviction est qu'il a le droit d'être
« secouru, d'être soigné ; c'est le devoir alors de la Société de
« sauvegarder sa santé et sa vie, et elle ne tient pas un compte
« suffisant de la dignité de ses membres, de l'égalité inscrite au
« frontispice de ses lois lorsqu'elle s'en remet pour cela au bon
« plaisir et aux hasards de la charité privée (1). »

Les revenus des bureaux de bienfaisance, des hòpitaux et des
hospices, sont insuffisants (2) pour assister convenablement tous
les malheureux ; ces revenus sont-ils au moins actuellement
employés au mieux des intérêts des indigents ; il est permis d'en
douter lorsqu'on a pris connaissance des lignes suivantes :

« En terminant, nous ferons observer que ces renseignements
« statistiques font ressortir deux ordres de faits : l'inoccupation
« d'un grand nombre de lits dans les établissements hospitaliers
« et l'insuffisance même du nombre de ces établissements dans
« certains départements.

« Il en résulte qu'en dehors de tout autre moyen deux pro-
« blèmes s'imposent à l'administration : une meilleure utilisa-
« tion des lits existants et la création de nouveaux hòpitaux (3). »

Quoi qu'il en soit, j'estime que le montant des recettes, soit

(1) M. Monod, 25 novembre 1883.

(2) Il n'y a en France que 1,654 hòpitaux ou hospices disposant seulement
de 169,123 lits.

(3) M. J. de Crisenoy, *Revue d'administration*, septembre 1886.

cent soixante millions (1), devrait être, ainsi que le produit
des fondations faites au profit du Service des Enfants assistés
(350,000 francs à peine) et le montant des subventions des
départements et des communes, versés dans la Caisse de l'Assistance publique.

Mais ces recettes ne suffiraient évidemment pas pour assurer
la marche complète et régulière des services d'assistance et
d'hygiène ; d'ailleurs je ne me dissimule point la difficulté de
démontrer l'urgence de nouveaux impôts, alors que de tous
côtés l'on réclame et l'on promet des dégrèvements.

Je demande à faire ici une courte remarque : tandis que les
États-Unis d'Amérique, qui personnifient le régime industriel,
sont embarrassés de leurs richesses, la vieille Europe, en proie
au régime militaire qui oblige vingt-cinq générations à se tenir
prêtes à partir au premier signal, qui enlève trois millions
d'hommes à l'agriculture, au commerce, à l'industrie, aux études
littéraires et scientifiques, qui force ces trois millions de produc-
teurs à devenir des consommateurs affamés, la vieille Europe, dis-
je, est écrasée sous le poids de ses dettes ; ce qui prouve que l'un
des régimes dont je viens de parler enrichit les pays et que l'autre
l'autre les mène infailliblement à la ruine.

Déjà, il y a vingt ans, lord Stanley prévoyait que « les prépa-
« ratifs militaires et les armements de l'Europe aboutiraient à la
« banqueroute », et, tout récemment, le vieux maréchal de
Moltke constatait devant le Reichstag — était-ce le remords
d'avoir fait périr tant d'hommes, ou la crainte d'assister du bord
de la tombe au démembrement de son pays ? — qu' « à la
« longue les peuples ne pourront plus supporter les charges
« militaires. »

Je suis Français et patriote : j'aspire ardemment après le jour
qu'entrevoyait Gambetta lorsqu'il disait : « Pensons-y toujours;
« mais n'en parlons jamais », après le jour où l'Alsace et la

---

(1) Les revenus des hôpitaux et hospices s'élèvent à 125 millions environ ;
ceux des bureaux de bienfaisance à 34,980,252 francs.

Lorraine seront arrachées à leurs oppresseurs, après le jour où la France aura repris le rang glorieux qu'elle a occupé dans le monde pendant tant de siècles ; mais je n'en éprouve pas moins un profond serrement de cœur quand je songe que l'on hésite à consacrer quelques millions pour assister les malheureux, pour sauver des milliers d'existences humaines, alors que l'on est obligé de dépenser des milliards pour la destruction d'une multitude de vies utiles. Ne l'oublions pas : ce sont les meilleurs qui, pour satisfaire le caprice ou l'orgueil des conquérants germaniques, tomberont dans cette terrible mêlée ; il ne restera que des phtisiques, au point de vue moral et physique. Quelle génération proviendra des infirmes et des échappés de cette horrible tuerie ? De tristes êtres, semblables à ceux qu'ont engendrés les survivants des guerres du premier Empire et que A. de Musset a dépeints en termes si vivants dans les premières pages des *Confessions d'un enfant du siècle!* Nous serons loin de la fameuse sélection réclamée par Lycurgue, Platon, Aristote, Plutarque et Sénèque.

En présence de l'Allemagne, armée jusqu'aux dents; quand le « Chancelier de fer » nous prévient que « le vaincu sera saigné à « blanc et disparaîtra pour trente ans de la scène du monde », la France ne peut pas désarmer. Je croirais faire une mauvaise action en proposant de réduire les crédits nécessaires à la défense nationale ; force m'est donc de rechercher les ressources nouvelles qui doivent alimenter la Caisse de l'Assistance publique.

Surtaxe sur l'Alcool

Dans une brochure publiée en 1884, M. Monod évaluait à 7 millions le crédit annuel nécessaire pour assurer la marche complète et régulière des services d'hygiène et il estimait que ces ressources pouvaient être demandées à une taxe nouvelle ou à une surtaxe :

« Il est, disait-il, un fléau qui sévit avec une intensité pro-
« gressive sur notre pays : c'est l'alcoolisme. Ses ravages sont
« quotidiens et terribles. De ce grand mal, ne serait-il pas possi-
« ble de tirer un grand bien, de faire tourner au profit de la
« santé publique, ce qui ruine tant de santés individuelles ? L'al-
« cool est actuellement imposé de 156 fr. 25 par hectolitre. Le
« nombre d'hectolitres imposés, en 1882, a été d'un peu plus de
« 1,444,000. Une surtaxe de 4 fr. 75 par hectolitre donnerait
« donc les 7 millions nécessaires. Les buveurs d'alcool en paye-
« raient le litre 5 centimes de plus, puisque le droit serait
« porté de 1 fr. 56 à 1 fr. 61 ; où serait le mal ? » (1)

(1) *De l'Administration de l'hygiène publique à l'Etranger et en France,* page 92.

Successions en Déshérence

L'État contribuerait, ainsi que le demandait M. Strauss dans son rapport du 24 décembre 1886 au Conseil général de la Seine, aux dépenses des services d'assistance dans la limite des sommes qu'il encaisserait du chef des successions en déshérence.

La fortune de ceux qui meurent sans héritiers ne semble-t-elle pas revenir naturellement aux enfants qui n'ont pas de parents ?

Et ne pourrait-on pas rendre ces ressources plus abondantes en abaissant le degré de successibilité ?

Je suis loin de vouloir attaquer le grand principe de la famille ; je serais désolé de proposer une mesure qui aurait pour effet d'en relâcher les liens. Je ne demande donc pas que l'on supprime l'héritage ; mais je voudrais voir reviser, au mieux des intérêts de tous, les lois qui le régissent. En certains cas, ces lois ne permettent-elles pas de dépouiller les ayants droit selon la nature au profit des ayants droit selon le Code ?

A partir du sixième degré (1), la parenté est de convention et acceptée par pure politesse ; l'amitié que l'on porte à des parents éloignés est souvent moins vive que celle que l'on a pour des étrangers ; n'est-il pas juste que le droit disparaisse en même temps et dans la même proportion que la parenté ? (2)

Néanmoins, chacun resterait libre de disposer de sa fortune à son gré, c'est-à-dire d'en faire don par testament à qui bon lui

---

(1) Le conjoint survivant serait appelé à prendre possession de l'héritage à défaut de tout parent au sixième degré.

(2) Le droit de successibilité qui découle de la parenté était, sous l'ancien régime, *illimité*. Les auteurs du Code civil estimèrent que, dans un intérêt d'ordre public et pour prévenir d'interminables procès, il importait d'assigner au droit des parents une *limite légale* qu'ils fixèrent au *douzième degré.*

semblerait (1) ; seulement le tarif des droits de succession ne ferait plus alors de distinction entre les parents au delà d'un certain degré et les étrangers. L'article 755 du Code civil serait rédigé comme suit : « Les parents au delà du sixième degré ne succè-
« dent pas. »

(1) Le montant des libéralités faites aux établissements publics s'est élevé, en 1884, à 23,342;675 francs.

TAXE SUR LES ÉTRANGERS

Puisqu'il s'agit de prendre des mesures de *sécurité nationale*, je demande également que l'on fasse payer une *taxe annuelle* aux nombreux *étrangers* qui usent et abusent même souvent — une expérience malheureuse nous l'a appris — de la généreuse hospitalité que leur accorde la France : à ces étrangers qui forment ce qu'on a appelé le vagabondage international et exploitent deux nations sans en servir aucune ; à ces étrangers qui viennent nous faire chez nous une redoutable concurrence ; à ces étrangers qui jouissent, dans notre pays, d'un privilège injustifiable et y vivent comme de véritables parasites.

La fraternité des peuples est un rêve généreux ; mais je crains bien que ce ne soit qu'une utopie.

Il y a actuellement en France 1,115,214 étrangers, soit 3 p. % de notre population ; parmi ces étrangers, on compte 241,000 Italiens, 82,000 Allemands, 75,000 Espagnols. Si cette immigration continue, avant 50 ans, il y aura en France un étranger pour quatre nationaux (1). Une taxe est perçue dans plusieurs cantons suisses et particulièrement dans celui de Genève, sur les étrangers établis dans ce pays à titre provisoire ou définitif. Chaque étranger est tenu de se munir d'un permis de séjour ou d'un permis d'établissement. Sous une autre forme, des taxes sont payées par les ouvriers étrangers en Allemagne, en Belgique, en Espagne, en Portugal.

En réclamant à chaque étranger une redevance mensuelle de deux francs qui n'aurait rien d'exorbitant, la Caisse de l'assistance bénéficierait, chaque année, d'une vingtaine de millions au moins.

(1) Déjà les étrangers représentent, en France, le *septième* de la population travailleuse ; le salaire de ces ouvriers étrangers s'élève annuellement à *plus d'un milliard.* Ce milliard réparti entre ceux de nos nationaux qui manquent d'ouvrage contribuerait puissamment à l'extinction du paupérisme.

Avons-nous à redouter les mesures de représailles qui pourraient être prises contre nos nationaux ? Non ; puisque l'émigration, qui offrirait des avantages au point de vue de l'extension de nos relations commerciales, de la pénétration de nos produits et de notre influence n'existe pour ainsi dire pas chez nous. La proportion entre la population française établie à l'étranger relativement à celle qui réside dans la mère patrie est seulement d'un habitant sur quatre-vingt-dix-sept.

C'est là un fait que je constate avec regret : persuadé que l'avenir de la France est au delà des mers, je suis partisan de l'expansion de notre Pays dans les colonies ; la France et les autres états européens produisent trop ; il faut des débouchés.

Il y a, à l'étranger, 2,601,000 Allemands et seulement 390,291 Français, dont 127,240 habitent les pays d'Europe et 263,051 établis dans les autres parties du monde.

On compte en Suisse........	45,000	Français.
— Belgique......	35,000	—
— Allemagne	17,500·	—
— Italie.........	4,718	—

Or, dans les trois premiers de ces États, des taxes diverses sont, comme je l'ai déjà dit, perçues sur les étrangers ; la taxe de séjour qu'ils sont obligés d'y acquitter n'empêche pas nos nationaux de se fixer en Suisse.

De tous les pays d'Europe, la France est celui où l'élément étranger est le plus important.

Il y a seulement	371,792	étrangers en	Allemagne.
—	283,000	—	Angleterre.
—	211,000	—	Belgique.
—	145,000	—	Autriche-Hongrie.
—	60,000	—	Suisse.

Des mesures contre l'immigration ont été prises en Allemagne et en Russie ; on se prépare également à en prendre aux Etats-Unis, cette terre d'émigration par excellence.

Une taxe sur les étrangers existait autrefois en France ; le droit d'*aubaine*, au moyen âge, était une des formes de cette taxe.

L'industrie et le commerce français n'auraient pas à se plaindre de la taxe si elle retenait dans leurs pays ces nombreux ouvriers qui, se contentant d'un modeste salaire, viennent surprendre les secrets de notre fabrication, dresser les listes des négociants ou personnes notables et rapportent ensuite chez eux les renseignements qu'ils ont recueillis.

Cette taxe permettrait encore d'arrêter à la frontière les mendiants et les vagabonds, ce qui serait un grand allégement pour le budget de l'assistance, car ils fournissent un énorme contingent à la population de nos hospices.

Les vagabonds étrangers figurent pour le *dixième* au moins dans le nombre des condamnés pour crimes ou délits de droit commun ; alors que la moyenne annuelle des Français traduits devant les cours d'assises est seulement de 12 pour 100,000, elle est de 38 pour les étrangers.

En résumé, la taxe de séjour : 1° nous procurerait des ressources importantes ; 2° assurerait du travail et du pain à nos ouvriers ; 3° nous débarrasserait d'une foule de repris de justice et de gens sans aveu, d'une quantité d'espions politiques, commerciaux et industriels.

Impot sur les Célibataires

Je réclamerais enfin, en me plaçant toutefois à un autre point de vue, l'établissement sur les célibataires d'un impôt annuel, lequel à raison de dix francs, par exemple, produirait plus de 20 millions.

Certains écrivains prétendent que, le plus souvent, l'impôt ainsi versé ne serait qu'une simple *restitution*, affirmant que la plupart des enfants illégitimes ont pour pères des célibataires. Le fait n'est peut-être pas exact. Quoi qu'il en soit, dans ma pensée, il ne s'agit nullement de pousser, à l'aide du fisc, vers le mariage auquel ils sont réfractaires, les célibataires qui, pour des raisons particulières, ne veulent ou ne peuvent se marier ; je voudrais seulement exiger d'eux une compensation, c'est-à-dire leur imposer une *charge équivalente* à celle que supportent les pères de famille. La liberté individuelle ne serait certainement pas violée par l'application de cette mesure, l'égalité des charges serait au contraire rétablie.

Je n'oserais évidemment pas soutenir que, dans l'intérêt de l'humanité (1), l'Etat a le devoir de combattre le *célibat* comme, par exemple, il combat l'*alcoolisme* ; mais ceux qui, avec nous, estiment que le lent accroissement de la population constitue un danger et que le mariage est indispensable pour assurer la propagation du genre humain ne sauraient contester à la Société le droit de faire payer une amende, en échange des avantages qu'elle leur procure, à ceux qui refusent de se conformer aux lois primordiales qu'elle a édictées.

(1) Entre 20 et 25 ans, le taux de la mortalité est égal à 9 pour mille pour les époux, à 13 pour les garçons et à 50 pour les veufs. Après avoir donné ces chiffres, M. Cheysson, Ingénieur en chef des ponts et chaussées, président de la Société de statistique de Paris, ajoute : « Avec des écarts moindres, « ces particularités se retrouvent aux autres âges ; elles expliquent l'ardeur « des veufs pour le convol et doivent donner fortement à réfléchir aux céli- « bataires endurcis. »

En vertu de la nouvelle loi militaire, n'exigera-t-on pas des jeunes gens dispensés ou exemptés du service actif le payement d'une taxe annuelle ?

Puisque je suis amené à parler de l'*impôt sur les célibataires*, je crois devoir faire remarquer qu'il ne s'agit pas là d'une mesure nouvelle dont il serait difficile de prévoir les conséquences. Sans être obligé de rappeler celles qui, jadis, furent prises à Sparte ; sans évoquer les lois édictées par Platon et plus tard par Camille et par Auguste, on peut citer l'article 26 du décret du 13 janvier 1791, le décret du 20 février 1793, la loi du 7 thermidor an II et la loi du 3 nivôse an VII. Et il convient d'observer que les Législateurs d'alors ne firent que donner satisfaction aux vœux exprimés dans les *cahiers de 1789*.

Les ressources dont je viens de parler seraient supérieures de *cinq millions* environ au montant des dépenses qu'occasionnerait le fonctionnement des divers services d'assistance et d'hygiène ; nous examinerons quel emploi il conviendrait de faire de ce reliquat de *cinq millions*.

Causes de la Dépopulation Française

Je ne m'attarderai pas à prouver que la plus grande fortune d'une nation au point de vue industriel et agricole et surtout au point de vue de sa défense contre des voisins envahissants, est constituée par son capital humain, par sa population.

Mais je tiens à faire remarquer, de nouveau, que si l'on ne prend pas immédiatement des mesures efficaces pour combattre les causes de notre dépopulation, « avant 50 ans, la France occupera « le *septième* rang parmi les petits Etats sans conséquence et « comptera un étranger pour quatre nationaux (1). » Si des dispositions ne sont pas prises sans retard, avant un demi-siècle la France aura une population de moins de 40 millions d'habitants alors que, malgré l'émigration, l'Allemagne comptera plus de 80 millions de sujets.

M. Cheysson (2), dont on est toujours heureux de consulter les remarquables travaux lorsqu'on s'occupe de démographie, fait remarquer que c'est par comparaison que se classent les peuples; voyons donc quel rang occupait autrefois notre Pays.

En 1700, la France, avec ses 19 millions d'habitants, figurait pour près des 2/5 (38 p. 0/0) dans les populations des trois grandes puissances européennes (France, Angleterre, Confédération germanique.)

En 1789, la Russie entrait en scène avec ses 25 millions d'habitants; la France, qui en avait alors 26, ne représentait déjà plus que 27 p. 0/0 de la population des quatre grandes puissances.

En 1815, la Prusse est acceptée dans le concert européen ; la part de la France est réduite au 1/5, soit 20 p. 0/0.

Il y a quelques années, l'Italie a été admise au nombre des

(1) Dr Rochard, Inspecteur général du Service de santé de la Marine.

(2) *La Question de la population en France et à l'Etranger.*

grandes puissances et dès lors notre pays n'a plus figuré dans leur population totale que pour 1/7 environ (14 0/0.)

· Actuellement la population de l'Europe est de 245 millions (1) d'habitants et celle de la France de 37 millions et demi seulement (6,5 p. 0/0).

En Allemagne, l'excédent des naissances sur les décès est de 21,5 pour mille et en France de 2,3.

Dans notre pays, l'excédent total des naissances sur les décès qui avait encore été, en 1881, de..................... 108.220
et, en 1882, de.................................... 97.027
ne s'est élevé, en 1886, qu'à (2).................... 56.260

Il n'y a eu en France, en 1886, que 912,792 naissances.

Si cette progression continue, très prochainement le nombre des décès sera supérieur à celui des naissances. Déjà la population est en décroissance dans presque la moitié des départements.

Cependant notre mortalité générale n'a rien d'alarmant puisqu'elle est de 23.6 pour mille habitants, c'est-à-dire inférieure à celle de l'Allemagne qui est de 26.0 p. 0/00 (3). La durée moyenne de la vie s'est accrue de plusieurs années, ce qui prouve que le bien-être est actuellement plus grand qu'autrefois (4).

Les démocrates — et je m'honore de l'être — ont pour devoir de travailler à améliorer le sort des classes laborieuses ; mais

(1) En 1800, la population de l'Europe était de 175 millions d'habitants.

(2) Au commencement du siècle l'augmentation annuelle de la population française était de 132,800 habitants.

(3) De 1710 à 1783, la mortalité en France était de 34 p. 0/00.

(4) M. E. Levasseur fait remarquer, dans son savant ouvrage sur la *Population française*, que : 1º le bien-être, une existence calme et une vie régulière sont des préservatifs contre une mort prématurée ; 2º la condition sociale influe beaucoup, à tous les âges, sur la vie moyenne ; 3º dans tous les pays l'on constate une vitalité supérieure du sexe féminin : ainsi en France l'âge moyen des décédés est de 34,2 pour les hommes et de 37,3 pour les femmes.

j'estime que ce serait tromper les ouvriers et, par conséquent, commettre une mauvaise action que d'essayer de leur persuader que, parce qu'il reste beaucoup à faire, rien n'a été fait pour leur procurer un peu plus de bien-être.

De nos jours, la condition du paysan français n'est plus aussi triste que jadis (1) : on en jugera par la lettre suivante écrite, en 1739, par le marquis d'Argenson : « J'ai vu, depuis que j'existe, « la ruine croissante de la richesse et de la population. Au « moment où j'écris, en pleine paix, avec les apparences d'une « récolte, sinon abondante du moins passable, les hommes « meurent tout autour de nous comme des mouches, de pau- « vreté et broutent l'herbe. Les provinces du Maine, Angoumois, « Touraine, haut Poitou, Périgord, Orléans, Berry, sont les plus « mal traitées. Cela gagne les environs de Versailles. Le duc « d'Orléans porta dernièrement au Conseil un morceau de pain « de fougère. Il le posa sur la table du roi en disant : Sire, voilà « de quoi vos sujets se nourrissent ! »

Mais revenons aux causes de la dépopulation de la France.

(1) On peut également affirmer — parce qu'on peut le prouver — qu'au point de vue des connaissances humaines, de même qu'au point de vue du travail et des moyens de travailler, notre époque est supérieure aux époques passées.

Nuptialité & Natalité

Je me rappelle que la charmante et très spirituelle Mme Emile
de Girardin disait un jour :

« On a beau rire, faire des vaudevilles, des physiologies et des
» chansons contre l'hymen et ses avaries ; il y a dans le mariage
» un prestige indestructible. »

On serait tenté de croire que ce prestige tend à disparaitre,
bien que personne cependant — sauf peut-être M. E. Reclus — ne
conçoive une constitution nouvelle de l'humanité d'où le mariage
serait absent.

En effet, il y a actuellement, en France, 2,884,854 garçons à
marier, de 20 à 55 ans, et 2,646,861 filles de 19 à 45 ans.

En France, on compte 100 garçons pour 91 filles.
En Prusse — 100 — 103 —

Le nombre des mariages a été seulement, en 1886, de 283,193
et celui des divorces (1), de........................ 2,949

Aujourd'hui, les jeunes gens, au lieu de se marier, comme le
conseillaient Platon et Montaigne, dès l'âge de 30 ans avec l'intention de faire souche et alors qu'ils sont dans la plénitude de
la virilité, commencent par jouir de la vie, ils en abusent même
souvent ! ils attendent ensuite pour *faire une fin* — lorsqu'ils se
décident à en faire une bonne — qu'ils se soient créé une position. De ces mariages, l'amour est, bien entendu, exclu complètement ; c'est à peine s'il reste sur les lèvres du jeune homme blasé

(1) La Loi sur le divorce a été promulguée le 27 juillet 1884 ; or, le nombre
des divorces s'est élevé : en 1884 à . . . . . . 1,657.
1885 . . . . . . 1,277.
1886 . . . . . · 2,949.

Le rapprochement de ces chiffres permet de penser que « la liquidation de
l'arriéré », dont parlait M. A. de Foville, est à peu près terminée et que si l'on
use peu du mariage, en France, on n'y abusera pas du divorce.

assez de sourire pour que sa fiancée puisse se faire illusion. Ce qu'il cherche, le vieux jeune homme, ce n'est pas « unir un cœur à un cœur (1) » ; ce n'est pas trouver une compagne vertueuse qui donnera pour objectif à sa vie l'éducation des enfants dans un intérieur calme et aimant, c'est acquérir une dot pour redorer son blason ou payer ses dettes criardes.

Dans notre pays, la nuptialité diminue constamment et rapidement. Le nombre moyen des mariages pour mille habitants qui était de 8,1 au commencement du siècle est tombé à 7,5.

Cependant le mariage serait indispensable pour restituer à notre population son mouvement ascensionnel d'autrefois.

Le nombre des naissances illégitimes a été, en 1886, de 74,552 et la mort enlève 30 p. % d'enfants naturels, tandis qu'elle n'en frappe que 15,23 p. % de légitimes.

D'ailleurs, nul n'ignore que, dans tout ménage irrégulier, la naissance d'un enfant est toujours accidentelle, jamais désirée, jamais voulue ; qu'elle est au contraire considérée comme une calamité, bien souvent comme un cas de rupture. On peut donc dire que l'inconduite est la plaie de la natalité générale, que le concubinage est l'ennemi de la natalité.

Les Français se marient tard, et comme ils ont alors contracté des habitudes de luxe, de bien-être, auxquelles ils ne veulent pas renoncer ; comme ce serait une charge onéreuse d'élever des enfants, ils s'appliquent le *moral restraint* de Malthus : le nombre des naissances est ainsi *volontairement limité* (2).

Du reste, un grand nombre de personnes redoutent de voir leur fortune morcelée, et comme le Code civil a aboli le droit d'aînesse, elles le rétablissent en supprimant les cadets. Puisque je suis amené à parler du droit d'aînesse, je dis hautement que je

(1) George Sand, *Marquis de Villemer*.

(2) Malthus nous ramène au monde ancien où les naissances étaient réglées sur les moyens d'existence et l'infanticide, autorisé par les lois ; à cette époque où le père pouvait exposer ses enfants et les vendre jusqu'à trois fois *(Loi des Douze Tables)*.

ne demande pas le rétablissement de ce droit (1), qui dépouillait complètement les cadets et envoyait les filles au couvent, mais je ne voudrais pas davantage du partage forcé, intégral de la propriété. Les articles 826 et 832 du Code civil pourraient être modifiés afin de laisser au père de famille une plus grande liberté (2). Les lois de succession ont certainement ébranlé la situation du paysan et arrêté la sève de la famille. Ainsi que le fait justement remarquer M. Cheysson, ce n'était pas le but que poursuivait l'auteur du Code civil ; les lois de succession étaient dirigées contre la grande propriété et, pour le prouver, il suffirait de citer la lettre suivante écrite, le 5 juin 1806, par Napoléon au roi Joseph : « Etablissez

(1) Le droit d'ainesse fut aboli par la Loi du 17 nivôse an II ; mais cette Loi a été modifiée dans un sens moins égalitaire, et plus libéral par la Loi du 4 germinal an VIII. La Loi du 17 mai 1826 relative aux successions et aux substitutions a été abrogée par celle du 7 mai 1849 ; aujourd'hui la successibilité est réglée par les dispositions du Code civil. (Loi du 20 germinal an XI).

(2) « Nous croyons pouvoir convenir, qu'avant la Révolution les lois fran-
« çaises réclamaient quelques modifications, les privilèges de famille étaient
« trop exclusifs et la vaste étendue de quelques domaines, combinée avec
« les habitudes du peuple, donnait lieu à un système défectueux d'agriculture ;
« mais il est assurément un milieu praticable entre des erreurs opposées et
« les Français ont un modèle de ce milieu dans la loi modifiée de primogéni-
« ture qu'offre le Code anglais. . . . . »
(*Courrier anglais*, 10 mars 1826).

« Voyez la France disait, Francis Burdett en 1826, sur trente millions d'ha-
« bitants, les quatre cinquièmes sont employés aujourd'hui à la culture des
« terres. Le vice est dans l'état de sa législation, qui consacre la division
« indéfinie du sol ; le vrai principe de prospérité solide et durable est coupé
« dans sa racine. Si on laisse disséminer les terres qui restent ; il n'y a pas
« de doute qu'avec la législation actuelle, chaque génération deviendra plus
« pauvre et ainsi deviendra plus faible. »

« La loi naturelle ordonne aux pères de nourrir leurs enfants ; mais elle
« n'oblige pas de les faire héritiers. Le partage des biens, les lois sur ce
« partage, les successions après la mort de celui qui a eu ce partage ; tout
« cela ne peut avoir été réglé que par la société et, par conséquent, par des
« lois politiques ou civiles..... *Maxime générale* : Nourrir ses enfants est
« une obligation du droit naturel, leur donner sa succession est une obliga-
« tion du droit civil ou politique. (Montesquieu, *Esprit des Lois*, liv. XXVI,
« chap. VI). »

» le Code civil à Naples ; tout ce qui ne vous est pas attaché va se
» détruire en peu d'années et il ne restera plus de grandes mai-
» sons que celles que vous érigez en fiefs...;. c'est ce qui m'a fait
» prêcher un Code civil et qui m'a porté à l'établir. » S'il m'était
permis de donner un conseil aux partisans du partage forcé et
indéfini des patrimoines, je les engagerais, après leur avoir fait
remarquer qu'en Amérique, ce pays de liberté, la petite propriété a été mise à l'abri du morcellement, je les engagerais,
dis-je, à rechercher les causes de la misère dont souffre l'Irlande (1).

Le nombre moyen des naissances par mariage est tombé dans
ce siècle, en France, de 4 à 3. Alors que dans notre pays la fé-
condité par mille femmes est seulement de............ 99
elle est en Angleterre de............................. 129
  ·Id.   Italie de................................... 148
  Id.   Allemagne de.............................. 151

La natalité, en Allemagne, est de 39,1 pour 1,000 habitants et,
en France, seulement de 25,9 (2).

(1) Malgré les confiscations de Guillaume, *les catholiques* d'Irlande, qui
formaient au moins les quatre cinquièmes de la population, possédaient
encore une grande partie du territoire mêlée de grandes, de moyennes et de
petites propriétés. Le ministre de la reine Anne chercha un moyen d'affaiblir
leur force et n'en trouva pas de plus efficace que d'établir pour eux le partage
égal des biens, en interdissant aux pères la faculté de tester, tandis que *les
protestants* restaient en possession du droit d'ainesse, des substitutions et
du testament. En moins de trois générations, on vit l'Irlande *catholique*
appauvrie et dispersée. Le 17 mai 1825, lord Liverpool affirmait que « c'est
« dans la grande subdivision de la propriété foncière et dans le morcelle-
« ment illimité du sol qu'il faut aller chercher les causes de la situation
« déplorable de l'Irlande. »

(2) Au commencement du siècle la natalité en France était de 31,2 p. 0/00.

Primes pour Encouragement

A LA PROPAGATION DU GENRE HUMAIN

Il serait incontestablement possible d'augmenter en France le nombre *volontairement limité* des naissances, la sève de la famille n'y est pas éteinte ; mais, pour obtenir ce résultat, il faudrait honorer, restaurer, recréer la famille, réprimer les excès de la séduction, arrêter les progrès de l'alcoolisme (1), prendre des mesures de prophylaxie anti-syphilitique, faire progresser l'hygiène et la morale sociale, alléger les lourdes charges que les lois fiscales et les lois de succession font peser sur les familles nombreuses, améliorer la situation matérielle et morale des ouvriers et des grandes masses de la population ; il faudrait consacrer, chaque année, les cinq millions d'excédent dont j'ai parlé précédemment à accorder des encouragements aux familles nombreuses sous forme de secours, de détaxes, de bourses (2), de récompenses, etc., etc.

(1) La consommation de l'alcool *pur* (100°) par tête d'habitant a été, en France, en 1885, de. . . . .   3 litres 9
En 1873   2   84
Et si la consommation du vin a diminué très notablement, celle du cidre et de la bière a augmenté.

(2) « Tout père de famille ayant sept enfants vivants pourra en désigner « un parmi les mâles lequel, lorsqu'il sera arrivé à l'âge de dix ans révolus, « sera élevé aux frais de l'Etat, dans un lycée ou dans une école d'arts et « métiers. Le choix du père sera déclaré au Sous-Préfet dans le délai de « trois mois de la naissance du dernier enfant ; ce délai expiré, la déclaration « ne sera plus admise.

« Si le père décède dans l'intervalle des trois mois, le choix appartiendra « à la mère.

« Si la mère décède dans le même intervalle, le choix appartiendra au « tuteur. »

(Loi du 29 nivôse an XIII, relative à l'éducation aux frais de l'Etat d'un enfant dans chaque famille qui en a sept vivants.)

Cette loi a été abrogée ; c'était cependant une loi démocratique !

Je suis persuadé que ces encouragements auraient pour effet d'augmenter en France la faible natalité ; ce serait, à mon avis, l'un des meilleurs moyens à employer pour combattre victorieusement les détestables doctrines des malthusiens, qui ne veulent pas reconnaître au nouveau-né le droit de vivre (1).

On ne peut évidemment pas demander que l'Etat prenne à sa charge les frais de nourriture de tous les enfants ; mais puisqu'il y a un intérêt social à ce qu'il en naisse beaucoup, il me semble que la Société est tenue de venir en aide aux parents qui ne peuvent, par leur travail, subvenir aux besoins de leur famille.

(1) « Celui qui naît dans un monde déjà occupé n'a pas le droit de préten-
« dre à la plus petite partie de nourriture s'il ne peut obtenir de quoi subsister
« de ses parents, à qui il est en droit de le demander, et si la Société n'a pas
« besoin de son travail. Au grand banquet de la nature il n'y a pas de couvert
« pour lui. La nature lui commande de s'en aller et elle ne tarde pas à mettre
« elle-même cet ordre à exécution. » (Malthus, *Essai sur le principe de la
population*, p. 531.)

Plus tard, Malthus, effrayé de voir que ses adeptes avaient accepté cette formule comme une loi du monde social et avaient même exagéré les conséquences de sa doctrine, a avoué : « Qu'ayant trouvé l'arc trop courbé dans un
« sens, il l'a trop courbé dans l'autre en vue de le redresser. »

(*Appendice de 1817*, édition de 1845, page 639).

Services d'Hygiène Publique (1)

J'ai déjà fait observer que notre mortalité générale n'aurait rien d'alarmant si l'on se contentait de la comparer à celle des autres États européens et si notre natalité n'était pas excessivement faible ; mais puisqu'il naît peu d'enfants dans notre Pays, puisque nous ne pouvons, ou plutôt nous ne voulons pas avoir autant d'enfants que nos voisins, il convient d'examiner s'il ne serait pas possible de faire diminuer encore le chiffre de cette mortalité, afin de rétablir l'équilibre rompu à notre désavantage.

La Loi du 3 mars 1822 a été rarement appliquée en France et l'importance de l'arrêté du 18 décembre 1848, prescrivant l'organisation de conseils d'hygiène et de salubrité, n'a été comprise que dans quelques grandes villes.

D'ailleurs l'étendue des pouvoirs que l'article 87 de la Loi du 5 avril 1884 confère aux Maires est bien moins grande qu'on ne le pense généralement ; les mesures prescrites ne doivent pas porter atteinte à la propriété, elles ne peuvent donc pas spécifier la nature des travaux à exécuter : ainsi l'a décidé récemment la Cour de cassation.

A l'étranger, en Allemagne, en Belgique, en Angleterre, aux Etats-Unis, des mesures législatives ont été prises pour sauvegarder la santé publique, mesures qui ont eu pour effet de faire décroître immédiatement la mortalité dans des proportions importantes. En Italie, déjà près de 7,000 communes sur 8,249, se sont donné un règlement sanitaire approuvé par le Ministre de l'Intérieur. En France, on n'a rien fait ou presque rien, soit

(1) « L'hygiène mérite toute l'attention des Pouvoirs publics. Cette science « ne provoque pas seulement des discussions ; elle aboutit à des actes. »

(M. Brouardel, Congrès international d'hygiène de Vienne, 26 septembre 1887).

pour prévenir, soit pour réprimer les épidémies (1) ; la *décentralisation* est chose bien belle — en théorie — ; malheureusement — dans la pratique — ce mot devient trop souvent synonyme d'*inaction*.

Depuis quatre-vingt-neuf ans, nous sommes en possession d'un excellent moyen pour nous préserver de la variole et cependant cette maladie fait encore 30,000 victimes chaque année (2).

La fièvre typhoïde est une des maladies qui causent le plus de ravages en France : elle fait annuellement vingt mille victimes ; elle est beaucoup plus fréquente chez nous qu'en Angleterre et qu'en Allemagne ; les agents de propagation de cette terrible maladie sont l'eau que l'on boit, l'air que l'on respire, les vêtements souillés, les mains des gardes-malades ; M. Brouardel affirme, avec preuves à l'appui, que *90 fois sur cent* c'est l'eau qui sert de véhicule aux germes et, par son mode de distribution, règle la propagation de cette fièvre ; cependant l'on ne s'inquiète pas de la pureté des eaux.

A la campagne, les fosses à fumier où sont jetées les ordures sont généralement établies devant les maisons d'habitation, à quelques pas seulement des puits.

Dans un grand nombre d'hôpitaux, les malades sont placés pêle-mêle dans la même salle ; rarement des mesures sont prises pour l'isolement des malades à domicile, pour la désinfection des locaux, du linge et des vêtements.

Il est pour la santé publique, fait remarquer M. le professeur Fournier, un danger permanent qui, de nos jours, fait plus de victimes que n'en firent jadis les pestes qui vinrent porter la terreur dans la Société : la *syphilis*, cette lèpre de nos temps. Cependant l'on ne cherche pas à secouer le joug de la vérole par des mesures de prophylaxie publique : le fléau continue ses

(1) Des bureaux d'hygiène fonctionnent seulement dans les villes de Nancy, Reims, le Havre, Rouen, Amiens, Saint-Etienne, Pau et Nice.

(2) Autrefois le nombre des décès varioliques s'élevait à plus de 300 mille. En France, les vaccinations sont aux naissances dans une proportion de 64 p. 0/0 seulement ; en Italie, de 73 p. 0/0.

ravages et, chaque année, une quantité considérable d'innocentes victimes succombent (1).

Combien de travaux de défrichement et de drainage ne restent-ils pas à faire pour assainir les régions où règne la fièvre intermittente ?

A ceux qui seraient tentés de contester que l'inspection médicale des écoles, prescrite par une loi récente, mais non encore instituée, pourrait arrêter, dans leur germe, des maladies qui, livrées à elles-mêmes, peuvent devenir incurables, ou, dans leur propagation, des maladies contagieuses, il suffirait de citer le passage suivant d'un rapport que m'adresse M. le docteur Desfosses, médecin-inspecteur, rapport qui indique clairement comment les choses se passent à la campagne, qu'il s'agisse de la rougeole ou de n'importe quelle autre maladie contagieuse : varicelle, variole, scarlatine, oreillons, coqueluche, etc.

« La rougeole, dit-il, a sévi cette année avec une extrême inten-
» sité ; peu d'enfants y ont échappé. Une des meilleures mesures
» prophylactiques à prendre serait de ne permettre aux enfants
» qui ont eu la rougeole ou toute autre fièvre éruptive de ne
» rentrer aux écoles, asiles et autres établissements publics
» qu'avec un certificat médical constatant qu'un laps de temps

(1) Pour arrêter le développement de cette maladie qui se propageait d'une manière affligeante et scandaleuse, les Recteurs de l'Hôtel-Dieu de Lyon firent, en 1603, un règlement, renouvelé en 1632, portant que les syphilitiques qui avaient contracté la maladie par leur faute, auraient, après leur guérison, la tête tondue et rasée. C'était, disent les chroniques, un puissant motif de terreur et de retenue dans l'esprit du peuple. Je me borne, bien entendu, à signaler ce moyen sans le recommander ; j'estime que les mesures ci-après indiquées, proposées par M. le Professeur Fournier, seraient plus efficaces : 1° Répression de la provocation dans la rue, dans les boutiques, les brasseries, les débits de vins, autour des écoles ; 2° Internement des femmes malades dans des hopitaux, d'où elles ne sortiront qu'avec un certificat du chef de service attestant leur guérison ; 3° surveillance médicale *sérieuse* des femmes inscrites, libres ou en maison ; 4° création de nouveaux hôpitaux *extra-muros*, d'un service spécial avec consultations gratuites ; 5° ouverture à tous les étudiants de ces nouveaux hôpitaux ; 6° mesures prophylactiques applicables aux armées de terre et de mer.

» assez considérable s'est passé entre la maladie et la rentrée de
» l'enfant. Si j'insiste sur ce point c'est que, dans les cas de
» rougeole bénigne, les enfants sont rentrés dans les écoles avant
» même que la période de desquamation fût terminée » (1).

M. le docteur Rochard, qui évalue seulement à 1,097 francs la
valeur de la vie humaine, a établi que le bon fonctionnement
d'un service d'hygiène publique ferait diminuer la mortalité de
2,59 p. 0/00, soit d'un 9ᵉ : (23,60—2,59=21,01).

Le fonctionnement de ce service, qui occasionnerait seulement
une dépense de 7 millions (2), nous ferait réaliser une économie
annuelle de.................................... 183 millions
alors que les maladies et la mort nous coûtent
actuellement plus de...................... 1,649 millions

Déjà un premier essai a été tenté ; il avait été établi, en 1866,
devant l'Académie de médecine de Paris, que, chaque année, la
France perdait, faute de soins, de surveillance, par suite de pratiques dangereuses dues à l'ignorance ou à des motifs pires,
120,000 enfants par an : qu'il mourait, en France, chaque année,
120,000 enfants de plus qu'il n'en devrait mourir si tous étaient
convenablement nourris et soignés. Le meurtre d'un seul enfant
est passible de la Cour d'assises ; ce n'est pas **un** *enfant*, c'est
douze millions qu'on a assassinés, avec impunité, en France,
depuis un siècle !

« Mettons dix millions, sans compter les intérêts, c'est-à-dire
« la reproduction qui multiplie et supposons que sur les 100,000

(1) Il va sans dire qu'il est absolument rare que l'on fasse prendre au con-
valescent des bains savonneux ou des frictions générales ; les vêtements ne
sont ni passés dans une étuve à vapeur ni soumis à des fumigations sulfu-
reuses.

(2) En France, les budgets de la guerre et de la marine s'élèvent à 859
millions 5. Depuis 16 ans, ils ont coûté à la France 11 milliards, c'est-à-dire
plus de 700 millions par an.

Les budgets de la Guerre et de la Marine s'élèvent, pour l'Europe entière,
à 4,528 millions 1 ; d'ailleurs le travail des hommes retenus sous les dra-
peaux augmenterait annuellement la richesse d'une douzaine de millions.

« enfants nés il y a cent ans, 25,000 seulement eussent vécu,
« et que, en comptant les intérêts composés, 10 de leurs des-
« cendants fussent aujourd'hui vivants; total 250,000. Si l'on
« répète le calcul pour une période de soixante-dix ans, on
« trouve qu'il y aurait *dix-sept millions cinq cent mille Français*
« *adultes de plus* ; » (1) soit en totalité environ **soixante mil-**
« **lions.** Je me trompe : notre population dépasserait notablement
ment ce chiffre car l'Alsace et la Lorraine ne gémiraient pas
sous le joug de la Prusse.

Notre Pays occuperait le second rang. La France et la
Russie, ces deux nations chevaleresques qu'une mutuelle sympathie et la communauté de leurs intérêts unissent profondément
auraient une population totale de plus de 150 millions d'habitants. Elles pourraient dicter leur volonté à l'Europe entière, se
partager l'empire du monde.

La mortalité des enfants assistés de un jour à un an dépassait
78 p. %, dans le Calvados et elle était plus élevée encore dans
d'autres départements ainsi que je l'ai fait remarquer précédemment (page 18).

Une Loi, communément et très justement appelée du nom de
son éminent promoteur, Loi Roussel, ayant pour but de sauvegarder la santé et la vie des nourrissons, fut votée en 1874 ; nous
allons voir les résultats que l'application de cette Loi humanitaire
a donnés dans le Calvados; ces résultats permettront de préjuger
les effets d'une surveillance générale de la santé publique.

(1) Professeur Stapfer, *L'Application de la Loi Roussel et l'allaitement
au biberon dans le Calvados.*

III

L'APPLICATION DE LA LOI ROUSSEL DANS LE CALVADOS

L'Allaitement Artificiel — Le Biberon

Je tiens tout d'abord à déclarer que mon but, en écrivant ce chapitre, n'est nullement d'essayer de prouver que l'allaitement artificiel est préférable à l'allaitement maternel (1).

Et si je cite le Calvados de préférence à un autre département, c'est que pendant six ans j'ai été témoin des bons résultats obtenus par la Loi de Protection au fur et à mesure qu'elle y a été mieux appliquée; c'est parce que ce département semblait, il y a quelques années à peine, présenter les conditions les plus défavorables au service nourricier; c'est enfin parce qu'en

---

(1) Si je fais cette déclaration, c'est que les meilleures intentions sont souvent dénaturées ; ainsi je me rappelle qu'un écrivain de talent et dont les idées se sont d'ailleurs modifiées depuis, faisant allusion aux comptes-rendus des séances du Comité départemental de Protection des Enfants du premier âge du Calvados, comptes-rendus qu'il avait, à mon avis, le tort de critiquer avant de les avoir étudiés, écrivait en 1886 : « Et « puis, pourquoi protester? ne proclame-t-on pas que l'élevage au biberon « bien employé fait moins de victimes que le sein? n'a-t-on pas publié « dans ce sens des statistiques, qui sont de nature à aggraver l'état de « choses dont on se plaint ? » On nous reproche d'avoir fait connaître la vérité, de n'avoir pas voulu falsifier les chiffres !

1869, M le Dr Denis-Dumont (1) et, en 1874, M. le Dr Théophile Roussel (2) opposaient la mortalité minime des enfants dans la Creuse, où toutes les mères allaitaient leurs enfants, à la mortalité considérable des enfants dans le Calvados, où un tiers des nourrissons étaient élevés au biberon (3). Aujourd'hui plus des 19/20es des nourrissons placés dans le Calvados sont élevés au biberon, mais depuis sept ans la Loi de Protection y est sérieusement exécutée. Etablir que la mortalité infantile, jadis très élevée dans ce département, y est aujourd'hui minime ce sera, il me semble, prouver que la loi Roussel sauvera de la mort des milliers d'enfants lorsqu'elle sera bien appliquée sur tout le territoire Français, ce sera prouver en même temps qu'une surveillance générale de la santé publique, c'est-à-dire le fonctionnement régulier d'un service d'hygiène, sauverait un grand nombre d'existences.

Il me suffirait, sans doute, pour faire la démonstration que j'ai entreprise de reproduire ici les discours éloquents prononcés à Caen, il y a quelques années, par MM. Théophile Roussel, Charles Quentin, Brouardel et Rochard, excellents juges en cette matière, ou encore de rappeler les articles enthousiastes que des écrivains de grand talent publièrent, en 1884, dans divers journaux (4).

Je préfère donner des chiffres; j'estime que, dans une question de cette nature, ils ont plus de valeur que tous les raisonnements.

---

(1) *Influence du biberon sur la mortalité des enfants dans le Calvados.*

(2) Discours à l'Assemblée nationale.

(3) La mortalité dépassait *30* p. 0/0 parmi les enfants élevés au biberon.

(4) MM. Francisque Sarcey, *XIXe Siècle;* Thomas Grimm, le *Petit Journal;* Jean de Nivelle, *Le Soleil;* l'*Événement;* Ch.-L. Chassin, la *Petite République Française;* de Cherville, *Le Temps;* Léon Séché, *La Paix;* Naquet, *Le Voltaire;* Dr Coriveaud, *Journal de Médecine de Bordeaux;* Dr Martin, *Revue sanitaire de Bordeaux et du Sud-Ouest,* etc. etc.

| ANNÉES | NOMBRE DES | | MORTALITÉ |
	NOURISSONS AGÉS de moins d'un an au moment du placement	DÉCÈS de la première année	pour cent (1)
1880	1.048	121	11.55
1881	1.428	146	10.22
1882	1.648	177	10.72
1883	1.584	183	11.56
1884	2.463	218	8.85
1885	2.349	198	8.42
1886	2.319	186	8. »
TOTAL...	12.839 (2)	1.229	9.57

Ces chiffres ne sont-ils pas plus éloquents que les plus éloquents discours et ne prouvent-ils pas clairement :

1° L'efficacité de la Loi Roussel ;

2° Les bons résultats que l'on peut obtenir, même avec l'allaitement artificiel lorsqu'il est bien dirigé.

Ma conviction est que l'Administration Générale de l'Assistance publique eût obtenu de bons résultats en confiant ses jeunes élèves aux nourrices du Calvados ; la mortalité aurait été moins

(1) Ces moyennes avaient été obtenues en divisant le nombre total des enfants de moins d'un an décédés par celui des enfants soumis à la Loi de Protection : $\frac{1.229}{1.2839} = 0,0957$, soit 9,57 p. 0/0.

Ainsi qu'on le verra plus loin, je calcule maintenant autrement la mortalité des enfants protégés ; je divise le nombre des décès de chaque âge par le nombre de journées que les enfants de cet âge ont passées dans le service.

(2) Les deux tiers environ de ces enfants étaient âgés de quelques jours à peine au moment de leur placement en nourrice. (Voir page 59).

Si du nombre total des décès de la première année, 165.000, l'on retranche les 45,000 mort-nés, la proportion pour cent des décès de zéro à un an donne encore, pour la France entière, une moyenne de 19 p. 0/0.

élevée chez ces nourrissons que parmi ceux qu'elle envoie dans certaines agences du Nord de la France (1).

Mon opinion ne peut être basée sur la faible mortalité des enfants assistés et secourus du Calvados âgés de moins d'un an, placés en nourrice ; c'est à peine si, chaque année, 70 enfants appartenant à ces deux catégories sont soumis à la surveillance instituée par la Loi Roussel ; or, la signification d'une statistique établie sur des chiffres minimes est toujours contestable. Mon opinion est fondée sur le peu de décès (1,229) survenus parmi les 12,839 nourrissons qui, pendant les sept dernières années, ont été élevés dans le Calvados, mortalité inférieure à 10 p. 0/0.

La question qui se pose naturellement est celle-ci : Quel était, au moment du placement, l'âge des 12,839 enfants mis en nourrice, pendant les années 1880 à 1886, dans le Calvados ? Comme je tiens à donner des renseignements, non seulement exacts mais dont on ne puisse contester l'exactitude, j'indiquerai la réponse que j'ai trouvée, en ce qui concerne l'année 1883, dans un Mémoire (2) publié par le savant statisticien Lafabrègue, dont je suis fier de me dire l'élève, quoiqu'il me fasse l'honneur de m'appeler son collègue.

M. Lafabrègue constate que sur *1,023* enfants confiés, en 1883, *avant l'âge de trente jours*, aux nourrices surveillées du Calvados, *51* seulement, moins de **5** p. %, sont morts avant l'accomplisse-

---

ment de leur premier mois de vie, quoique au moment du placement

608 fussent âgés de moins de 7 jours.
202   —   15 —.
213   —   30 —

Cependant les décès du premier mois de la vie représentent
généralement, à eux seuls, en France, plus de **36** p. % des
décès de la première année ainsi que l'indique le tableau suivant :

Sexe et Etat civil des enfants décédés en 1884	Décès de la première année.				
	de 0 à 7 jours	de 8 à 14 jours	de 15 à 30 jours	de 1 à 6 mois	de 6 à 12 mois
Garçons { Légitimes.	10.732	8.454	9.926	30.827	19.417
{ Naturels..	1.597	1.606	1.955	4.874	2.093
Filles { Légitimes..	7.857	6.119	8.014	24.585	17.147
{ Naturelles..	1.307	1.296	1.730	4.317	2.090
Total.....	21.493	17.475	21.625	64.603	40.747
	60.593			105.350	
TOTAL GÉNÉRAL................. 165.943					

Je le répète, les deux tiers environ des nourrissons du Calvados sont âgés de quelques jours à peine au moment du placement et, quoique tous ou presque tous soient *élevés au biberon*,
leur mortalité est très faible, plus faible que celle des enfants du
même âge conservés dans la famille ; depuis sept ans, je l'ai
prouvé, la mortalité est fort peu élevée parmi les jeunes enfants
de ce département confiés à des nourrices salariées.

Et maintenant, si l'on veut bien, comme je le demandais il y a un instant, comparer cette mortalité minime à la mortalité considérable dont parlaient jadis MM. les docteurs Théophile Roussel et Denis-Dumont, on est bien obligé de reconnaître, avec M. le Dʳ J. Rochard, que « grâce à la sérieuse application de la Loi « Roussel, chaque année, dans le Calvados, *280* enfants sont « arrachés à la mort (1). »

S'il m'était permis de faire l'éloge de mes Supérieurs et — cette tâche me serait bien douce, — je répéterais ici ce que MM. Théophile Roussel, Charles Quentin, Brouardel et Rochard ont déjà très éloquemment proclamé : que l'honneur d'avoir les premiers démontré l'efficacité de cette Loi tutélaire et maternelle revient à MM. Monod et Lefort, qui ont su donner une bonne direction aux nourrices sèches ; à MM. Monod et Lefort, qui ont su s'entourer de Médecins-Inspecteurs dévoués, qui ont su faire partager leur conviction aux nombreux collaborateurs qui leur étaient indipensables ; à MM. Monod et Lefort qui sont parvenus, en peu de semaines, à coordonner toutes les bonnes volontés, tous les efforts individuels.

J'ai établi, par des chiffres dont l'exactitude a été constatée, que l'allaitement artificiel bien surveillé, bien dirigé peut donner de bons résultats.

J'ai fait voir que M. Genteur, Commissaire du Gouvernement, se trompait lorsqu'il affirmait à la tribune du Sénat que « le « biberon est la cause de l'affreuse mortalité qui décime les « enfants dans tous les départements de l'ancienne Normandie. »

A mon avis, c'est rarement le biberon bien propre et bien employé qui tue les nouveau-nés, mais presque toujours le biberon mal nettoyé, l'alimentation prématurée, le mauvais lait, l'allaitement artificiel sans règles et abandonné à des femmes ignorantes et mal payées (2).

(1) Discours prononcé à Caen le 11 octobre 1885.

(2) Voir ci-après (page 70) les moyens employés dans la Creuse pour obtenir que les nourrices soient toujours bien payées.

Vais-je maintenant, contrairement à mes engagements, conclure qu'il faut préférer l'allaitement artificiel à l'allaitement naturel ? Certainement non. Lorsqu'il est possible, comme dans la Creuse (1), de se procurer de bonnes nourrices au sein, ce dernier mode d'élevage et surtout l'allaitement maternel est préférable à tous égards et pour la mère et pour l'enfant (2) ; mais à Paris, en Normandie et malheureusement bien ailleurs, souvent la mère se trouve dans l'impossibilité, à cause de sa santé ou de ses occupations, de s'acquitter convenablement de la belle et douce mission d'allaiter son enfant.

Et combien de nourrices qui se présentent avec des certificats de complaisance « fabriqués par elles-mêmes, visés avec autant « de candeur que de bonne foi par les maires de leurs localités, » dit M. le Dr Caradec, sans avoir les qualités décrites par M. le

(1) La Loi Roussel est très régulièrement appliquée dans la Creuse et y donne de bons résultats ainsi que l'ont fait remarquer MM. le Dr A. Cézilly, *le Concours médical*, 30 juillet et 6 août 1887 ; Frédéric Montargis, *le Rappel*, 18 août 1887 ; le Dr Caradec, *la Mère et l'Enfant*, 1er octobre 1887, etc.

(2) Loin de vouloir, comme on le leur a quelquefois reproché, favoriser l'allaitement artificiel dans le Calvados, l'Administration préfectorale et l'Inspection départementale avaient pris diverses mesures pour encourager l'allaitement maternel : 1º les filles-mères qui consentaient à allaiter leurs enfants recevaient un secours supplémentaire ; dans certains cas, le taux des secours était fixé à quinze francs par mois ; 2º M. H. Lefort avait proposé d'accorder, chaque année, des primes d'encouragement de 100 francs aux filles-mères qui auraient allaité leurs enfants avec le plus de soin et de succès ; 3º dans chaque circonscription médicale, un certain nombre de filles-mères, désignées comme nourrices expectantes, devaient recevoir, sur les crédits du budget départemental, un salaire mensuel de 30 francs pour aller donner le sein aux enfants chétifs ou malades, élevés au biberon et dont les parents étaient reconnus hors d'état de payer une nourrice ; 4º chaque année, une somme de 2,000 francs était répartie entre les meilleures nourrices et les récompenses étaient accordées, de préférence, aux nourrices au sein.

Par cette courte énumération l'on verra que M. Monod, Préfet, et M. Lefort, Inspecteur du Calvados, ont fait tout ce qui était en leur pouvoir pour encourager l'allaitement au sein, tout en essayant de perfectionner l'allaitement artificiel, notamment en veillant à ce que l'alimentation solide ne fût pas associée au biberon.

Dr Coudereau pour pouvoir nourrir convenablement un enfant ?
Quelle sécurité présente une nourrice choisie dans un bureau de
placement et qui est peut-être en incubation de syphilis, qui,
peut-être, se livre habituellement à des excès alcooliques ?

« La mamelle se meurt ! » et, dans bien des cas, pour remédier
à la pénurie de bonnes nourrices, l'on est forcé de recourir à l'allaitement artificiel. C'est sans doute un mal ; mais un mal nécessaire dont l'application de la Loi Roussel permet d'atténuer les
effets puisque, grâce à cette Loi, les Médecins-Inspecteurs peuvent éliminer les mauvaises nourrices, diriger scientifiquement
l'allaitement artificiel et, au moyen de coupages, faire donner aux
enfants du lait de vache dont la composition est analogue au lait
de la femme.

Voici ce que pensent de l'allaitement artificiel des savants
médecins dont je tiens à faire connaître l'opinion :

— « Pour éviter l'athrepsie, la première condition est de
« donner à l'enfant un lait parfaitement frais.

« Chaque fois qu'on a donné le biberon à un enfant, il faut,
« aussitôt après qu'on le lui a retiré, le laver à grande eau et
« au besoin avec une brosse, de façon que l'instrument soit aussi
« net que lorsqu'il sortait de chez le marchand. Il est bon en
« outre de le laver quelquefois à l'eau chaude. Ces soins méticu-
« leux, mais indispensables, sont très difficiles à obtenir d'une
« nourrice.

« Plus un biberon est facile à nettoyer, plus il est recommanda-
« ble ; plus il est compliqué, plus il est mauvais.

« Le plus difficile à nettoyer est le biberon à tube ; c'est donc
« le plus mauvais de tous et c'est pour cela que j'ai conseillé à
« ceux de mes lecteurs qui pourraient en avoir un de le casser
« sans plus tarder.

« Et quel est donc, m'écrit-on, celui que vous conseillez ? Je
« conseille le biberon tout en verre, prescrit par M. Monod,
« Préfet du Calvados, aux nourrices de son département, parce
« que ce biberon est très facile à nettoyer.

« Même lorsqu'ils sont tenus avec soin, les biberons à tube
« sont mauvais. M. Henri Fauvel a examiné une série de bibe-
« rons à tube qui avaient été employés dans les crèches de Paris.
« Ces biberons ne paraissaient pas malpropres au premier abord.
« Eh bien ! sur trente et un biberons examinés, il y en avait
« vingt-huit qui étaient souillés au point d'être certainement très
« nuisibles. En incisant le tube dans sa longueur, on y trouvait
« du lait caillé et pourri où les microbes pullulaient comme les
« épis sur un champ de blé. » (Dr Jacques Bertillon, Chef des travaux statistiques de la ville de Paris, *Le Gagne-Petit*, 22 avril
1886.)

— « Quant au biberon, assurément il vaudrait mieux n'avoir pas
« à s'en servir, l'artificiel ne pouvant remplacer le naturel ; mais
« je n'irai pas jusqu'à dire comme certains confrères des grandes
« villes, à l'imitation d'un homme autrefois célèbre, que le
« biberon est de la poudre à canon. Cette poudre ne s'enflamme
« pas dans nos campagnes.

« A Paris, par exemple, le biberon est meurtrier, dans les petits
« ménages où il renferme tout ce que l'on veut hors du lait et où
« l'on manque de cet oxygène qui est pour nous une seconde
« nourriture.

« Rien n'est absolu en médecine : on ne peut parler à cent
« lieues comme on a le droit de parler ici. Je montrerai des
« enfants nourris au biberon et mieux à la cuillère et je permettrai
« qu'on leur cherche des traces de rachitisme ; ces enfants, il est
« vrai, ont été nourris avec soin et méthode et, en été, on a eu
« du lait frais le matin, à midi et le soir.

« Encore une fois, je ne suis pas partisan de ce procédé ; mais
« dans le ménage pauvre où la mère souvent ne peut être nour-
« rice ni trouver une nourrice, il faut quelques sous de lait et
« une grande bonne volonté. Le lait se trouve facilement dans
« nos campagnes ; c'est au praticien de savoir que certains ani-
« maux ont du lait peu profitable selon qu'ils sont nourris d'une
« façon ou de l'autre.

« Nous avons de l'air, du lait : il nous faut de la bonne
« volonté, mère des autres vertus indispensables pour bien élever
« un enfant, et nous ferons malgré tout, comme on dit vulgai-
« rement, des hommes. » (Docteur Lavergne, Lauréat de la
Faculté de médecine de Paris, Médecin-Inspecteur à Crocq,
21 décembre 1887.)

— « Nous devons, tout en nous associant aux diverses critiques
« dont il a été l'objet, faire une réserve expresse : Si le biberon
« est si fatal au nouveau-né, c'est qu'une foule de contraven-
« tions aux lois de l'hygiène viennent aggraver ses dangers. »
(Dr Denis-Dumont.)

— Les conclusions de la Commission au nom de laquelle
M. Théophile Roussel présenta son rapport à l'Assemblée
nationale étaient que, « suivant les circonstances et suivant les
« mains auxquelles il est confié, l'allaitement artificiel peut
« produire de bons ou de mauvais résultats. »

Et maintenant, ma conclusion, la voici :

1° Le bon fonctionnement du service de la protection donne
d'excellents résultats ;

2° Dans le Calvados, la Loi Roussel est parfaitement appliquée ;

3° Elle y produit d'excellents effets ;

4° Les deux tiers des nourrissons de ce département sont placés dans le mois de leur naissance ;

5° *Le biberon sans tube* n'est pas un instrument de mort lorsqu'il est employé par des *nourrices intelligentes et surveillées*, à
moins toutefois qu'il ne s'agisse de nourrissons hérédo-syphili-
tiques ;

6° Si un grand nombre d'enfants, élevés dans la famille ou
confiés à des nourrices non surveillées, succombent dans les premiers jours de leur naissance, c'est parce qu'on leur donne une
alimentation prématurée ;

7° Les Parisiennes, qui ne peuvent les nourrir et sont soucieuses
de la santé et de la vie de leurs enfants, auraient souvent intérêt

à les confier aux excellentes *nourrices sèches* du Calvados, au lieu de les placer chez des nourrices au sein médiocres. Cela résulte des chiffres que je viens de donner, relevés dans le mémoire de M. Lafabrègue et comparés à ceux qui sont fournis par la Préfecture de police et par les Inspecteurs des départements où les petits Parisiens sont actuellement envoyés en nourrice.

Les nourrices sèches du Calvados déclarent qu'elles veulent bien se charger de sauver les petits Parisiens pourvu qu' « ils n'aient « pas goûté du lait de Paris, » de ce lait « mouillé, coloré, car-« bonaté, écrémé, battu par la trépidation du voyage, bouilli, « altéré de mille manières, » dont parlait l'Académie de médecine dans sa séance du 26 septembre 1882.

Je regrette que l'Administration Générale de l'Assistance publique, qui a fini par se décider à mettre une première fois en expérience, à l'hospice de la rue Denfert-Rochereau, l'allaitement artificiel, ne tente pas un nouvel essai qui ne serait pas dangereux et n'aurait rien d'immoral, essai qui aurait l'avantage d'être absolument concluant (1). Je voudrais que l'on plaçât cent enfants

---

(1) Il semblerait que l'on n'aime pas beaucoup faire ces sortes d'expériences à l'Assistance publique de la Seine. Il y a quelques semaines, j'avais appelé l'attention de mon Collègue sur les conditions favorables au service nourricier que présente le département de la Creuse, où lr moyenne des décès, parmi les petits Parisiens, a été inférieure à 7 p. o/o en 1886, alors qu'elle dépassait 20 p. o/o dans certains autres départements.

En présence des chiffres fournis, MM. Bertillon, Lafabrègue et Thulié avaient pensé que l'Assistance publique s'empresserait de créer une Agence des enfants assistés de la Seine dans le département la Creuse. Erreur ! *M. le Directeur général et le Comité d'inspection ont jugé cette création inutile* au moins quant à présent.

Cependant, il est incontestable que : 1° la Creuse est de tous les départements de France celui où la mortalité de la première enfance est la moindre ; 2° la Creuse est le département où l'on élève le plus d'enfants au sein ; 3° les nourrices de ce département se contentent d'un salaire peu élevé et 4° les enfants assistés de la Seine placés dans la Creuse trouveraient facilement à s'y placer comme ouvriers agricoles, lorsqu'ils auraient accompli leur 13° année, car, dans ce département, l'agriculture manque de bras. On sait, en effet, que chaque année, plus de 30,000 Creusois quittent temporai-

assistés de la Seine, dans le Calvados, chez des nourrices sèches désignées par les Médecins-Inspecteurs et que l'on en confiât cent autres du même âge et de même force, à des nourrices au sein domiciliées dans la Somme, par exemple, et qu'à la fin de l'année l'on comptât les décès survenus dans les deux départements de placement; il serait alors facile de calculer le nombre des victimes qu'aurait faites le biberon. Ou je m'illusionne absolument ou la mortalité serait réduite aux enfants nés avec une tare telle que la syphilis; les résultats ainsi obtenus seraient absolument démonstratifs. Je doute fort que la mortalité des enfants assistés de la Seine placés dans le Calvados s'élevât à 41,30 et même à 27,41 p. 0/0 (1).

Le bien est heureusement contagieux, et avant de terminer ce Mémoire, je tiens à faire remarquer que l'un des plus heureux effets de l'application de la Loi du 23 décembre 1874 sera de refaire l'éducation professionnelle non seulement des nourrices, mais encore des mères de famille.

rement leur pays pour aller travailler à Paris et dans quelques autres grandes villes.

(M. R. Cézilly, *le Concours médical*, n° 44, du 29 octobre 1887.)

(1) La moyenne de la mortalité parmi les enfants assistés de la Seine âgés de moins d'un an, élevés au sein, a été, en 1886, dans l'Agence d'Abbeville de .... 41.39 p. 0|0

Dans l'Agence d'Arnay-le-Duc	30.70 —
— Lormes	30.12 —
— Dol	28.94 —
— Béthune...	28.75 —
— Lucenay-L'Évêque	28.57 —
— Moulins-Engilbert	28.15 —
— Rennes..	27.41 —

(Extrait du rapport présenté, le 31 octobre 1887, par M. l'Inspecteur principal à M. le Préfet de la Seine, tableau G.)

Dans le Calvados, la mortalité des enfants de l'hospice de 0 à 24 mois soumis à la surveillance instituée par la loi Roussel a été, en 1886. de 5,38 p. %. celle des secourus de 5.51 p. %. Je rappelle qu'en 1860 le chiffre de la mortalité s'était élevé à 78.09 p. % pour les enfants assistés du Calvados âgés de moins d'un an.

Peu à peu ces dernières — qui prétendaient que « les Médecins
» ne connaissent rien à soigner les petits enfants qui ne peuvent
» pas dire où ils souffrent, » — peu à peu les mères de famille,
dis-je, finiront par se conformer aux prescriptions des Médecins
et de l'Académie ; elles suivront l'exemple des nourrices surveillées ; c'est-à-dire qu'elles cesseront de donner à leurs jeunes
enfants une nourriture prématurée ; elles abandonneront les
habitudes routinières ; elles renonceront aux préjugés, aux cou-
tumes stupides et meurtrières. La mortalité générale diminuera
alors notablement.

Ces heureux effets se sont déjà fait sentir dans les départements où la Loi de protection fonctionne régulièrement ; depuis
que cette Loi humanitaire et philanthropique est mise à exécution, la moyenne générale des décès de la première année a
notablement diminué ; de plus de 18 p. %, elle est descendue à
moins de 16 p. % (1).

« La statistique générale de France, à défaut d'une statistique
» spéciale, peut fournir les éléments nécessaires pour apprécier
» les résultats de l'exécution de la Loi de protection et mesurer
» exactement son influence sur le mouvement de la population.

» Elle établit ainsi la proportion des décès de zéro à un an
» pour 100 naissances et donne une moyenne de :

<pre>
18,44 pour la période de 1868 à 1872
17,22   —   1873 à 1877
16,75   —   1878 à 1882
16,50   --   pour 1883 —
</pre>

(1) Le 26 de ce mois, j'ai prié mes Collègues de me faire connaître le
nombre des naissances et celui des décès des douze premiers mois, pendant
les cinq années qui ont précédé l'application de la Loi du 23 décembre 1874
et pendant les cinq premières années où cette Loi a été appliquée. Je résu-
merai plus loin (page 91) les renseignements qui me seront parvenus ; mais
comme je ne veux pas m'exposer à ce que l'on me rappelle le mot de Forget :
« La statistique est une bonne fille qui se livre au premier venu, » je cite ici
les chiffres publiés dans le dernier rapport du Comité supérieur de Protection, comme j'ai donné précédemment ceux dont l'exactitude a été vérifiée
par M. Lafabrègue.

» et de 15,59 pour les 8 départements choisis dans des zones
» différentes comme essai de statistique infantile.

» La mortalité infantile suit donc une marche décroissante. Cet
» abaissement de la mortalité ne peut être dû qu'aux bienfai-
» sants effets de l'œuvre de la protection et l'on est en droit
» d'attendre une diminution encore plus sensible des décès de
» l'application générale et consciencieuse de la Loi Roussel (1). »

Le nombre des naissances, en France, s'élevant annuellement
à plus de 900,000, il est permis de conclure que si cette Loi était
partout bien appliquée, déjà chaque année *27,000* enfants lui
devraient la vie. Lorsqu'elle sera exécutée dans tous les départements, comme elle l'est dans le Calvados et dans la Creuse, la
moyenne des décès de la première année sera inférieure à 10
pour cent; nous aurons donc en plus, chaque année, au moins
100,000 enfants vivants; avec *deux* millions on arrachera, chaque
année, à la mort au moins *cent mille* enfants, lesquels deviendront
62,000 jeunes gens de vingt ans.

« Je sais bien que la Loi Roussel est encore raillée par quel-
» ques sceptiques; mais les railleurs auront sans doute la bouche
» fermée, lorsqu'il leur sera démontré que cette Loi sauve de la
» mort des multitudes d'enfants (2). »

» Si, comme dans le Calvados, on combat à outrance, sur tout
» le territoire français, pour sauvegarder la vie des enfants, un
» immense péril national sera conjuré et la postérité dira aussi
» de Théophile Roussel qu'il fut l'organisateur de la vic-
» toire (3). »

(1) Rapport concernant l'application de la Loi du 23 décembre 1874, présenté à M. le Ministre de l'Intérieur, au nom du Comité supérieur de protection des Enfants du premier âge, par M. Paul Bucquet, Inspecteur général
honoraire des Services administratifs du Ministère de l'Intérieur, *Journal*
officiel, n° 352, des 26 et 27 décembre 1887, page 5719.

(2) M. Henri Monod, discours prononcé à Caen, le 9 juillet 1889.

(3) M. Henri Lefort, discours prononcé à Caen, le 25 novembre 1888.

ANNEXES

I

PAYEMENT DES SALAIRES DUS AUX NOURRICES

Voici en quels termes s'exprime, dans son rapport présenté le 27 de ce mois à M. ie Ministre de l'Intérieur, au nom du Comité Supérieur de Protection de l'Enfance, M. Paul Bucquet, Inspecteur général honoraire des Services administratifs du Ministère de l'In-térieur, au sujet du payement des salaires dus aux nourrices :

« Un trop grand nombre de nourrices ne sont pas payées, sur-
« tout dans les derniers mois.

« Bien des systèmes ont été préconisés, bien des modes de
« garantie de payement ont été proposés ; mais aucun d'eux n'a
« pu jusqu'ici être accepté.

« Décréter par une loi que le salaire des nourrices est garanti
« est une solution facile du problème à résoudre ; mais c'est inter-
« venir dans un contrat privé, c'est détruire la responsabilité des
« parents et être certain qu'il ne sera plus fait aucun effort pour
« satisfaire à ses engagements et que tous se reposeront sur l'État,
« devenu garant des salaires et obligé de payer les frais d'élevage
« des enfants, frais qui seraient considérables. On ne peut donc
« que chercher les moyens d'atténuer en partie le mal en prenant
« certaines mesures préventives contre les parents négligents ou
« de mauvaise foi » (1).

(1) *Journal officiel* des 26 et 27 décembre 1887, n° 352, page 5720.

· Déjà, le 3 novembre dernier, l'honorable Dr de Villiers, rapporteur de la Commission permanente de l'hygiène de l'Enfance, faisait remarquer à l'Académie de Médecine (1) qu' « on a signalé maintes
« fois les dangers que fait courir aux jeunes enfants le non-paye-
« ment des nourrices qui souvent les soignent d'autant plus mal
« qu'elles sont plus mal payées, ou ne le sont pas du tout. Dans
« le département de la Seine, par exemple, où les déclarations
« pour non-payement ont été faites par d'assez nombreuses nour-
« rices, le Préfet avoue que l'intervention administrative n'a réussi
« que dans 9 p. 0/0 des cas de réclamation. Parmi les projets propo-
« sés, il y en a un du Dr Abourt qui consisterait à obliger, au
« moment de la mise en nourrice, à déposer, chez le percepteur
« municipal de la commune de la nourrice, le salaire des sept
« premiers mois payables par mois par ce percepteur. Nous ne
« pouvons que recommander à l'Administration supérieure l'étude
« des divers projets analogues qui peuvent se produire; car l'on
« n': encore trouvé aucun moyen sérieux à opposer au mauvais
« vouloir des parents. »

Les années précédentes, cette Commission avait exprimé le même vœu.

Je ferai tout d'abord remarquer que dans bien des cas, il serait difficile d'obliger les parents, « au moment de la mise en
« nourrice, à déposer chez le percepteur municipal de la commune
« de la nourrice, le salaire des sept premiers mois, payables par
« mois par ce percepteur ; » d'ailleurs, il faudrait obtenir la modification de l'article 14 de la Loi du 23 décembre 1874 (2).

J'indiquerai le moyen que j'avais proposé (3) pour obtenir que les nourrices non payées par les parents, continuent d'entourer de

---

(1) *Bulletin de l'Académie de Médecine*, n° 48, année 1887, page 687.

(2) L'article 14 de la Loi du 23 décembre 1874 porte que :

« Les mois de nourrice dus par les parents ou par toute autre personne
« font partie des créances privilégiées et prennent rang entre les numéros
« 3 et 4 de l'article 2.101 du Code civil. » Mais la garantie qui résulte pour les nourrices de ces dispositions est absolument illusoire attendu que les parents qui ne payent pas les salaires convenus sont presque toujours des indigents chez lesquels il n'y a rien à saisir.

(3) *Application de la Loi Roussel dans la Creuse*, page 91.

bons soins les enfants qui leur sont confiés, moyen qui nous a parfaitement réussi depuis dix-huit mois.

Les nourrices se figurent généralement — et elles n'ont peut .tre pas absolument tort, bien qu'il s'agisse de l'exécution d'un contrat privé — qu'en échange des obligations qui leur sont imposées par la Loi du 23 décembre 1874 et par le Décret réglementaire du 27 février 1877, l'Administration est tenue d'assurer l'exécution des engagements pris par les parents et dont les clauses sont mentionnées à la page 16 du carnet, c'est-à-dire de leur garantir le payement des salaires qui leur avaient été promis. Dans le département de la Creuse, lorsque la nourrice ne reçoit pas son salaire mensuel, vite elle se plaint à l'Inspecteur des Enfants assistés, qui lui fait *immédiatement* parvenir, par l'intermédiaire du Maire, une lettre conçue en ces termes :

« Monsieur le Maire,

« Je suis informé que Mme . . . . . ., nourrice, domiciliée en votre
« commune, ne reçoit plus les salaires qui lui sont dus, en raison
« des soins donnés par elle à l'enfant. . . ., ..., qui lui est
« confié.

« Les parents de ce nourrisson vont être mis immédiatement en
« demeure de payer à Mme . . . . la somme qu'ils lui doivent.

« Je vous serai reconnaissant, Monsieur le Maire, si vous voulez
« bien donner connaissance de la présente lettre à la nourrice
« prénommée et l'informer que, dans le cas où les parents de
« l'enfant. . . . . refuseraient de payer les sommes dues,
« il serait considéré comme *abandonné, à partir de ce jour*, c'est-
« à-dire qu'à *partir d'aujourd'hui et jusqu'à ce que notre enquête*
« *soit terminée*, la nourrice recevrait la même *pension que si elle*
« *était chargée d'un enfant assisté.* »

La nourrice, complètement rassurée par cette promesse, continue de bien soigner l'enfant.

Immédiatement une enquête est commencée ; elle dure huit jours au moins, un mois au plus.

Bien souvent, les parents ne veulent pas que leur enfant soit admis à l'Assistance départementale ; ils se décident alors à désintéresser la nourrice, et dans ce cas, le Département n'a rien à payer.

Lorsqu'il s'agit de parents indigents qui désirent reprendre leur enfant, mais qui, demeurant au loin, ne peuvent payer les frais de voyage, ces frais sont avancés par le département de la Creuse, sauf recours contre le département d'origine.

S'il est impossible de découvrir le domicile des parents ou si ces derniers refusent de reprendre leur enfant ou de payer la nourrice, le petit abandonné est immédiatement admis à l'hospice et placé quelques jours plus tard dans une localité éloignée de la commune où il avait été primitivement mis en nourrice. Le remboursement des dépenses occasionnées est réclamé ultérieurement au département du domicile de secours, s'il y a lieu.

Un mandat de payement est délivré le jour même au nom de la première nourrice ; mais on lui a retiré l'enfant pour le confier à une autre personne, car autrement il eût pu arriver ceci : c'est que les parents, après s'être entendus avec la nourrice qu'ils avaient eux-mêmes choisie, auraient simulé l'abandon à seule fin de se décharger sur l'Administration du soin de subvenir aux frais de nourriture et d'entretien.

Si plus tard, le petit abandonné est réclamé par ses parents, le Préfet statue conformément aux dispositions des articles 21 du décret du 19 janvier 1811 ; 1, 2 et 3 de l'arrêté ministériel du 26 octobre 1813 et des instructions ministérielles des 15 juillet 1811, 17 novembre 1813 et 8 février 1823.

Aujourd'hui toutes les nourrices de la Creuse savent que leurs salaires seront, quoi qu'il arrive, intégralement payés ; c'est ce qui explique pourquoi les nourrissons y sont toujours entourés de soins dévoués.

Le moyen employé depuis dix-huit mois dans ce Département a d'ailleurs été approuvé, le 5 mars 1887, par le Comité départemental de Protection de l'Enfance et, le 11 juillet suivant, par M. le Ministre de l'Intérieur.

<h1 style="text-align:center">II</h1>

<h1 style="text-align:center">STATISTIQUE</h1>

ÇALCUL DE LA MORTALITÉ DES ENFANTS DU PREMIER AGE

Dans mon rapport du 2 février 1887 (1), je rappelais que la première condition pour pouvoir protéger les nourrissons, c'est de les connaître ; que « la comptabilité infantile est une condition nécessaire des mesures de protection efficace (2) » ; que « la Loi Roussel n'existera réellement que le jour où une bonne comptabilité « des existences enfantines permettra d'en mesurer les effets (3) ».

Et après avoir fait remarquer que le moyen le plus simple pour tenir constamment à jour la comptabilité infantile, qui pourrait être contrôlée tous les mois par le Préfet et par un membre du Comité départemental, consiste à se servir de fiches (4) de couleurs

(1) *L'Application de la Loi Roussel dans la Creuse*, pages 5, 7, 22, 23, 24 et 25.

(2) Rapport de M. le Ministre de l'Intérieur du 30 janvier 1885.

(3) M. René Lafabrègue, *Mémoire sur la mortalité des enfants assistés, des enfants secourus et des enfants protégés.*

(4) Ces fiches classées par ordre alphabétique dans un *casier spécial*, divisé en quatre compartiments (enfants *présents* dans le service, *retirés* pendant l'année, *décédés*, qui ont accompli leur 2ᵉ *année*), nous servent de répertoire. Les noms des nourrissons sont d'ailleurs inscrits sur un registre spécial, sorte de *grand-livre* tenu par circonscription médicale et par commune. Quand nous avons besoin de renseignements détaillés ; quand on nous demande, par exemple, l'adresse des parents d'un enfant ou le nom de la nourrice, nous n'avons qu'à consulter le *registre matricule*, c'est-à-dire les bulletins fournis par le Maire, bulletins qui sont également classés par circonscription médicale et par commune.

— 76 —

différentes, correspondant aux trois années de placement, confor-
mes au modèle ci-dessous et de bulletins trimestriels remplis par

N°
DE LA
CIRCONSCRIPTION
MÉDICALE
27

Groupe d'âge: 1 à 3 mois

SEXE : *Masculin*

N° Matricule : *1253*

N°
DE LA
COMMUNE
1

Labesse Adrien

Enfant légitime

né à *Paris*

département *de la Seine*

le *2 janvier* *1887*

placé au sein le *23 février* . . *1887*

retiré le . . *25 décembre* . . . *1887*

décédé le . . . . *188..*

2ᵉ année, le . . . . *188..*

Âge de l'enfant au moment du retrait : 11 mois 23 jours
Durée du placement : 357 jours

Causes du retrait : *Sevrage*
Causes du décès . . . .

les Maires et par les Médecins-Inspecteurs. Pénétré de cette pensée
que la statistique est surtout intéressante par les points de comparaison qu'elle offre, je proposais au Comité départemental de
Protection d'émettre le vœu que M. le Ministre envoyât aux Inspecteurs départementaux des modèles réglementaires permettant de
faire, à la fin de chaque année, une œuvre synthétique, et je
demandais la création au Ministère de l'Intérieur d'un *bureau
sanitaire et statistique du premier âge.*

Pour mesurer exactement les effets de l'application de la Loi
du 23 décembre 1874, il est indispensable, ainsi que le font
justement remarquer MM. Lafabrègue (1) et Bertillon (2) d'analyser
la *mortalité âge par âge,* c'est-à-dire de tenir compte de l'âge du
nourrisson au moment où il entre dans le service et au moment
où il en sort.

En l'absence de modèles réglementaires et comme je tenais à
ne pas établir de ces statistiques banales qui ne prouvent absolument
rien, j'avais publié dans mon rapport précité, les tableaux suivants
qui font connaître pour chaque âge la durée du placement des
nourrissons, tableaux que j'ai soumis à la haute appréciation du
Comité supérieur de statistique et de la Société de statistique de
Paris.

(1) *Mémoire sur la mortalité des enfants assistés, des enfants secourus
et des enfants protégés.*

(2) *Calcul de la mortalité des enfants du premier âge.*

DÉPARTEMENT DE LA CREUSE

A. — *Statistique de la mortalité des nourrissons par âge et au point de vue climatologique* (1)

ANNÉE 1886

AGÉS au moment DU DÉCÈS		Décédés pendant les mois de												TOTAL DES DÉCÈS
		Janvier	Février	Mars	Avril	Mai	Juin	Juillet	Août	Septembre	Octobre	Novembre	Décembre	
0 à 7 jours	»	»	»	»	»	»	»	»	»	»	»	»	»	»
8 à 15 jours	1	»	»	»	»	1	»	»	»	»	»	»	»	1
15 à 30 jours	1	»	»	»	»	»	»	»	»	»	1	»	»	1
1 à 3 mois	4	»	1	»	»	»	»	»	1	»	1	»	1	4
3 à 6 mois	7	»	»	»	»	»	1	»	2	1	2	»	1	7
6 à 12 mois	4	»	»	»	»	»	»	2	»	1	1	»	»	4
12 à 24 mois	5	1	»	»	»	»	»	1	1	2	»	»	»	5
TOTAL . .	22	1	1	»	»	1	1	3	4	4	5	»	2	22

Il suffit pour calculer la mortalité par âge et par mois, de diviser le nombre des décès survenus, par celui des survivants. Le tableau qui précède indique les chiffres des différents dividendes, celui qui suit fait connaître les chiffres diviseurs, c'est-à-dire le total des nourrissons de chaque âge qui ont été présents dans le service, pendant plus de quinze jours, durant chacun des mois de l'année 1886.

(1) Afin de permettre de calculer la table de survie, j'indiquais dans un troisième tableau l'âge au moment du placement et au moment de la sortie du service des enfants retirés; enfin, dans un quatrième, les causes des décès.

B. — NOURRISSONS (1)

AGÉS DE	Présents dans le service pendant les mois de												Total des Présents par âge
	Janvier	Février	Mars	Avril	Mai	Juin	Juillet	Août	Septembre	Octobre	Novembre	Décembre	
0 à 7 jours	7	2	6	3	7	5	4	5	2	3	4	6	54
8 à 15 jours	1	4	5	6	5	5	3	1	2	1	6	5	44
15 à 30 jours	1	5	1	3	»	4	2	3	4	2	1	7	33
1 à 3 mois	15	18	28	24	28	31	34	32	25	27	25	32	319
3 à 6 mois	17	22	24	33	39	43	47	53	67	55	59	54	513
6 à 12 mois	111	100	94	92	91	90	94	94	104	106	103	119	1188
12 à 24 mois	64	73	71	79	81	92	103	118	118	127	136	144	1206
Total des présents par mois....	206	224	229	240	251	270	287	306	322	321	334	367	3357

« En divisant, disais-je dans mon rapport précité, le total des
« mois de présence par le nombre des inscriptions sur les registres
« de la protection (3,357 : 540 = 6 mois 10 jours), on a la
« moyenne du temps que les enfants protégés ont passé dans le
« service pendant l'année 1886.

« D'ailleurs, en partageant le chiffre des décès (22), par le quo-
« tient obtenu en divisant par 12 le total général des mois de pré-
« sence (3,357) l'on peut évaluer approximativement la mortalité
« générale des nourrissons pendant la même année : $22 : \left(\dfrac{3357}{12}\right) =$
« 0,0788, soit 7,88 p. %. » On peut obtenir facilement la moyenne
des décès, pour chaque groupe d'âge, en procédant de la même
manière.

(1) Dans des tableaux séparés, j'indiquais la mortalité des nourrissons élevés
au sein et des nourrissons élevés au biberon ; des enfants légitimes et des
enfants naturels.

Mes travaux ont fait l'objet d'une présentation très sympathique devant la Société de statistique de Paris de la part de M. Lafabrègue (1).

M. Cheysson, qui a bien voulu se charger de les présenter au Conseil Supérieur de statistique, m'informe qu'ils ont été souvent invoqués dans les délibérations de la Sous-Commission (2) qui s'est occupée de la mesure exacte de la mortalité infantile.

Voici les principales modifications proposées par la Sous-Commission des moyennes :

1º Indiquer dans le tableau B, non pas le nombre des enfants de chaque âge ; mais le nombre de journées que ces enfants ont passées dans le service ;

2º Au lieu du groupement actuel de la statistique officielle : 0 à 7 jours, 8 à 15 jours, 15 à 30 jours, 1 à 3 mois, etc.

Grouper ainsi les âges :

0 à 5 jours, 5 à 10 jours, 10 à 20 jours, 20 à 30 jours, 1 à 3 mois, etc.

3º Nouveau registre matricule sur lequel seront inscrits, *avec un numéro spécial*, les noms des enfants au fur et à mesure de leur entrée dans le service ;

4º Répertoire , les fiches devant être classées à l'avenir par groupes d'âge ;

5º Et afin de permettre aux Inspecteurs généraux, au Préfet et au délégué du Comité départemental de contrôler facilement la comptabilité infantile, deux feuilles spéciales A et B. Sur la feuille A, l'Inspecteur inscrit le jour même où il reçoit l'avis de placement le nº matricule de l'enfant mis en nourrice ; sur la feuille B, qui comprend trois colonnes, il porte les numéros matricules des enfants qui lui sont signalés comme *retirés*, *décédés* ou ayant accompli leur *2e année.*

M. Lefort fait remarquer que ces écritures n'augmenteront pas

(1) Séances des 20 juillet et 19 octobre 1887.

(2) La Sous-Commission des moyennes présidée par M. Cheysson, comprenait entre autres membres MM. Monod, Lefort, Lafabrègue et Bertillon.

beaucoup le travail de l'Inspecteur et diminueront les chances d'erreur.

Mais il ne suffit pas que des statistiques sérieuses soient établies d'après un plan uniforme, à la fin de chaque année, par les Inspecteurs départementaux ; il faut encore que tous les renseignements fournis soient centralisés et *vérifiés sans retard ;* il faut qu'à la fin de chaque année l'on fasse, pour toute la France, une œuvre synthétique. Pour obtenir ce résultat il est indispensable, à mon avis, de créer au Ministère de l'Intérieur un bureau sanitaire et statistique du premier âge.

Calcul de la Mortalité
DES ENFANTS ÉLEVÉS DANS LA FAMILLE

Dans son rapport du 27 courant (1), M. l'Inspecteur général Bucquet constate que :

« La statistique générale, détaillée de la mortalité des enfants « du premier âge et spécialement des enfants placés en nourrice, « en sevrage ou en garde, dont la publication chaque année est « prescrite par l'article 4 de la Loi du 23 décembre 1874 n'a pu « encore être établie. »

Et M. l'Inspecteur général ajoute que :

« L'insuffisance des crédits ne permet pas de réaliser le vœu de « la loi et d'entreprendre un travail aussi considérable. »

Bien qu'aucun crédit spécial n'eût été mis à ma disposition, j'ai tenu à entreprendre ce travail et j'espère pouvoir publier, dans le courant de janvier 1888, la statistique détaillée de la mortalité, non seulement comme je l'ai fait l'année dernière, des enfants confiés à des nourrices salariées, mais encore de ceux qui étaient élevés dans la famille.

Pour obtenir les renseignements qui m'étaient nécessaires, il. m'a suffi d'ajouter aux *bulletins trimestriels*, dont j'ai parlé précédemment et au *Rapport annuel* (modèle H) dont l'envoi est prescrit par la Circulaire ministérielle du 19 mars 1884, trois nouveaux paragraphes pour l'indication : 1º des *naissances*, 2º des *mort-nés*, 3º des *décès* ; la bonne volonté de MM. les Maires a fait le reste.

Partisan convaincu de la Loi Roussel, ce travail m'a semblé absolument nécessaire ; j'estime que c'est en comparant, pour chaque groupe d'âge, la mortalité des enfants protégés à celle des enfants élevés dans la famille qu'on pourra le mieux mesurer les effets et par conséquent prouver l'utilité de la Loi de protection.

J'espère que l'on finira par reconnaître avant peu la nécessité de rendre cette loi tutélaire et maternelle, ainsi que je le demande depuis longtemps, applicable à *tous les enfants de moins d'un an* INDISTINCTEMENT.

(1) Rapport concernant l'application de la loi du 23 décembre 1874 présenté à M. le Ministre de l'intérieur au nom du Comité supérieur de Protection des enfants du premier âge.

III

SERVICES DE MATERNITÉ

Dès mon arrivée dans la Creuse, le 10 juillet 1886, j'avais réclamé, dans l'intérêt de l'humanité et dans celui des finances du département, la création de deux services de maternité, l'un à l'hospice de Guéret et l'autre à l'hospice d'Aubusson.

Je faisais remarquer que la plupart des filles du département qui désiraient dissimuler leur grossesse, étaient obligées de faire de longs et pénibles voyages au moment où leur position exigeait le repos pour aller accoucher, soit à Paris, soit à Limoges.

Ce qui prouve que beaucoup de filles enceintes étaient ainsi obligées de quitter momentanément la Creuse, c'est que parmi les 210 enfants assistés de moins de 13 ans restant au 31 décembre 1885, 49, presque le quart, étaient nés hors du département ; et combien d'enfants ne sont-ils pas morts par suite des privations et des fatigues du voyage de leur mère !

Je demandais que toutes les femmes, *sans exception aucune*, qui solliciteraient leur admission à la Maternité y fussent reçues, à la seule condition de se présenter munies d'un certificat médical attestant qu'elles sont parvenues dans le dernier mois de leur grossesse ; je demandais enfin qu'elles pussent y rester, en allaitant leur enfant, jusqu'à leur complet rétablissement et que le secret le plus inviolable fût gardé sur tout ce qui les concernerait.

J'ajoutais, dans mon rapport du 20 août 1887, que l'admission à la Maternité de pensionnaires payantes ne grèverait pas le budget départemental et rendrait, dans certains cas, de réels services.

La création des services de maternité aura certainement pour effet de contribuer à faire diminuer le nombre des crimes contre la vie de l'enfance.

La Maternité, c'est le refuge à la honte (1) ; mais ce serait bien à tort que l'on se figurerait que la mère qui tue son petit enfant est toujours poussée à commettre ce crime par la crainte de voir sa réputation à jamais perdue ; la misère, la perspective des charges qu'occasionnera la nourriture du petit être, voilà les causes d'un grand nombre d'infanticides.

Il a été fait une constatation de tous les infanticides jugés en 1838, par le dépouillement de tous les dossiers sur ce crime ; or, sur 129 infanticides jugés par les cours d'assises, pendant cette anr e 1838, l'instruction a fait connaître que 17 fois seulement, les mères accusées de ce crime avaient réussi, *à peu près*, à dissimuler leur grossesse.

A l'hospice, la femme ou la fille-mère allaite son enfant ; avant de partir, elle reçoit une layette et des secours qui lui permettent de faire face aux premiers besoins et peu à peu se développe en elle le sentiment maternel, cette seconde virginité de la femme.

Voici les principales dispositions de l'arrêté pris par le Préfet pour organiser les services de maternité :

Article 1er. — Il sera établi aux hospices de Guéret et d'Aubusson un service de maternité.

Article 3. — Aucune femme ou fille indigente ne sera admise gratuitement dans l'un des services de maternité que sur la production des pièces ci-après indiquées :

1° Un certificat médical attestant qu'elle est dans un état de grossesse avancée ;

2° Un certificat d'indigence délivré par le Maire de la commune où elle habite, faisant connaître ses nom et prénoms, date et lieu de naissance et constatant qu'elle a son domicile de secours dans le département de la Creuse.

(1) « En France, la puissance de l'honneur est écrite en lettres de sang « dans les départements où il y a le moins de naissances naturelles. C'est « une triste gloire que celle-là, mais enfin cela prouve que chez nous on « sait rougir et qu'*il y a la plus urgente nécessité à assurer aux filles* « *séduites les moyens de dérober leur honte à tous les regards.* » (L'abbé Gaillard, *Recherches sur les enfants trouvés.*)

En cas d'urgence, c'est-à-dire si elle est en mal d'enfant, la femme qui se présente est immédiatement reçue et les formalités administratives sont remplies après l'admission.

Article 4. — Au moment de leur entrée dans l'un des deux établissements ci-dessus désignés, les femmes ou filles admises seront averties qu'à moins que l'état de leur santé, constaté par un certificat du Médecin de l'établissement, ou d'autres circonstances spéciales ne s'y opposent, elles seront tenues d'allaiter elles-mêmes leurs enfants, qu'elles emporteront à leur sortie de l'hospice, c'est-à-dire dans la quinzaine qui suivra leur accouchement, à moins de maladie constatée par le Médecin.

Article. 5. — Les Maternités de Guéret et d'Aubusson sont autorisées à recevoir, avec l'autorisation du Préfet ou du Sous-Préfet, des pensionnaires payantes.

Ces pensionnaires auront à rembourser à l'établissement hospitalier le montant de la dépense qu'elles auront occasionnée, calculée à raison de trois francs par journée pour toute la durée de leur séjour dans ledit établissement.

Elle ne seront admises à la Maternité qu'autant qu'elles auront souscrit l'engagement de rembourser la dépense occasionnée par leur séjour.

IV

Constatation des Décès

Dans mon rapport du 10 juillet 1887, je proposais de faire constater les causes des décès survenus parmi les enfants âgés de moins de deux ans, élevés dans la maison paternelle ou confiés à des nourriçes salariées et de faire examiner le corps des enfants déclarés comme mort-nés à l'état civil. Je pense que ce serait le seul moyen d'arriver à connaître et, par conséquent, à faire poursuivre les auteurs de ces *infanticides déguisés* dont parlait le docteur Bertillon dans son rapport du mois d'août 1878 au Congrès international d'hygiène de Paris.

Après avoir rappelé, le 2 février 1887, que cette mesure avait déjà été réclamée, en 1877, par M. le Dr Gibert, Lauréat de l'Académie de Médecine (1) je faisais observer que le nombre des *mort-nés* a considérablement augmenté ; celui des mort-nés légitimes a plus que doublé dans la Creuse depuis 50 ans ; d'ailleurs, il résulte des tristes confidences que j'ai reçues que la réforme réclamée par MM. Bertillon et Gibert s'impose. Il y a des contrées, disais-je, où la vie humaine est malheureusement bien peu respectée et, chaque année, un certain nombre de crimes contre les enfants restent impunis. Je conseillais à ceux qui seraient tentés de croire que je charge à plaisir ce lugubre tableau de consulter les personnes en situation d'être bien renseignées sur certaines pratiques en usage dans un trop grand nombre de villages ; j'affirmais que des faits terribles, navrants, leur seraient alors révélés.

Dans sa séance du 5 mars 1887, le Comité départemental de Protection de l'enfance de la Creuse a émis, à l'unanimité, le vœu que « les Maires soient invités à ne jamais autoriser l'inhumation d'un

(1) Dr Gibert, *des Causes de la dépopulation française*, page 16.

« enfant âgé de moins de deux ans ayant vécu ou déclaré à l'état
« civil comme mort-né, avant d'avoir reçu un bulletin du Méde-
« cin qui a fait l'accouchement, du Médecin traitant ou du Méde-
« cin-Inspecteur, faisant connaître la date et les causes du décès. »

Je suis persuadé que, s'il était fait droit à ce vœu, le nombre
des décès parmi les enfants de moins d'un an et le nombre relativement élévé des mort-nés diminueraient très sensiblement.

Dans sa séance du 21 avril 1887, le Conseil général de la Creuse
reconnut que le fonctionnement d'un service destiné à constater
les décès de tous les enfants de moins de deux ans donnerait
d'excellents résultats puisqu' « il permettrait de constater et de
« réprimer les crimes contre la vie de l'enfance qui se produisent
« malheureusement avec tant de fréquence dans le département
« et, par suite, tendrait à en diminuer le nombre. »

L'Assemblée départementale, frappée des avantages que procurerait le Service de constatation des décès, demanda d'étudier les
moyens pratiques d'organiser ce Service et de lui faire des propositions à la session d'août.

Dans mon rapport du 20 août 1887, je faisais remarquer que le
fonctionnement de deux services gratuits de maternité pour les
femmes enceintes aurait pour résultat de diminuer notablement le
nombre des infanticides, et qu'en faisant constater régulièrement
les causes des décès de tous les enfants, l'Administration pourrait
connaître à temps, pour les faire poursuivre, les personnes qui,
refusant de bénéficier de la libéralité du Conseil général, se ren-
draient encore coupables d'avortement ou d'infanticide.

Voici le texte de l'arrêté réglementaire que M. le Préfet m'avait
chargé de préparer à cet effet :

Nous, Préfet du département de la Creuse,

Vu les lois des 20 septembre et 19 décembre 1792 ;

Vu les articles 97 et 99 de la Loi du 5 avril 1884 ;

Vu les articles 77 et 81 du Code civil ;

Vu l'article 319 du Code pénal ;

Vu l'arrêt de la Cour de cassation du 2 décembre 1843 ;

Vu l'article 4 de la Loi du 23 décembre 1874 ;

Vu les articles 11 et 14 du Règlement d'administration publique du 27 février 1877 ;

Vu les circulaires ministérielles des 27 février 1878, 20 octobre et 1er décembre 1879 ;

Vu les rapports de M. l'Inspecteur du Service des Enfants Assistés en date des 2 février, 12 avril et 20 août 1887 ;

Vu le vœu émis par le Comité départemental de protection dans sa séance du 5 mars 1887 ;

Vu la délibération prise par le Conseil général dans sa séance du 21 avril 1887, concernant le projet de création d'un Service médical destiné à constater les décès des enfants au-dessous de deux ans ;

Vu les dépêches de M. le Ministre de l'Intérieur des 17 mai et 11 juin derniers, 12 et 19 août présent mois,

ARRÊTONS :

Article 1er. — Il est enjoint à MM. les Maires de ne jamais autoriser l'inhumation d'un enfant âgé de moins de deux ans, ayant vécu ou déclaré à l'état civil comme mort-né, sans avoir, au préalable, obtenu la production d'un bulletin médical faisant connaître les causes du décès.

Toutefois, en temps d'épidémie ou quand il s'agira d'un décès causé par une maladie infectieuse, le Maire pourra, dans les communes où ne réside pas un Médecin, autoriser l'inhumation sans exiger la constatation des causes du décès.

Dans ce dernier cas, le Maire sera tenu de nous informer immédiatement de sa décision et des motifs qui l'auront dictée.

Article 2. — Le bulletin de décès sera délivré, en principe, par le Médecin-Inspecteur de la circonscription et, si ce dernier est empêché, par le Médecin le moins éloigné de la résidence de l'enfant, comme il est dit à l'article 14 du Décret sus visé du 27 février 1877.

Article 3. — Le Médecin-Inspecteur ou le Médecin requis par le Maire recevra, pour frais de déplacement, une indemnité fixe de deux francs par chaque bulletin délivré.

La dépense ainsi occasionnée sera imputée sur les crédits du budget départemental.

Article 4. — Il pourra être suppléé au bulletin ci-dessus mentionné par un certificat délivré gratuitement par un Médecin désigné par la famille de l'enfant, faisant connaître la date et les causes du décès.

Article 5. — Les bulletins ou certificats de décès sont adressés immédiatement par le Maire à M. l'Inspecteur du service des Enfants assistés qui, après les avoir examinés, nous les transmet avec un rapport motivé.

Médecins Vérificateurs des Décès

Tout récemment, un de mes amis de Paris à qui je communi-
quais une épreuve de cette brochure me tenait le langage suivant :
« Je vous avoue que je ne vois nullement la nécessité de créer un
« service de constatation des décès des enfants de moins de deux
« ans, alors que déjà il existe des médecins vérificateurs des
« décès ; ce serait une superfétation. »

Comme d'autres personnes pourraient, après avoir lu les lignes
qui précèdent, me faire la même objection, j'ai pensé qu'il n'était
pas inutile de reproduire ici ma réponse :

« Je sais qu'il y a, en effet, à Paris et dans quelques autres grandes
« villes des médecins chargés spécialement de vérifier tous les
« décès ; mais il n'en est pas de même en province ; voici comment
« les choses se passent généralement à la campagne. Lorsqu'un
« enfant est mort, le père ou la mère s'en va à la mairie déclarer
« *tristement* le décès à l'officier de l'état civil, qui accepte la
« déclaration sans *jamais* se préoccuper de savoir si la mort est
« naturelle ou non ; quelquefois même le décès n'est déclaré que
« le lendemain de l'enterrement ; de sorte que l'on peut impuné-
« ment laisser mourir ou tuer *proprement* un enfant et même une
« grande personne. Pour ne pas être poursuivi, il suffit d'être bien
« avec ses voisins qui, généralement, sont gens fort indulgents !
« Je demanderais à ceux qui penseraient que j'exagère, de vouloir
« bien m'expliquer comment il se fait que la plupart des quarante-
« cinq mille mort-nés et des soixante mille enfants qui meurent
« dans le premier mois sont, ou des enfants *illégitimes* ou des
« enfants appartenant à des *familles nombreuses*. Dans cette
« question si délicate le crime se décèle cependant de lui-même ;
« pour le découvrir, il suffit d'ouvrir les yeux. »

5ᵉ ANNEXE

Résultats de l'application de la Loi Roussel (1)

Départements		Total général des naissances pendant les années postérieures à l'application de la Loi	Moyenne pour cent des décès parmi l'ensemble des enfants de o à 12 mois — ANNÉES (2)		Enfants sauvés dans chaque département
			antérieures à l'application de la Loi	postérieures à l'application de la Loi (3)	
Deux-Sèvres..	5	40.732	14.92	13.17	713
Gers	5	23.063	15.06	13.96	254
Gironde......	6	97.036	18.30	16.42	1.824
Lot-et-Garonne	4	20.173	19.64	18.21	288
Marne........	5	51.225	30.16	29.41	384
Morbihan	3	47.658	17.77	17.21	267
Nièvre........	5	40.312	17.28	16.36	371
Saône-et-Loire	5	78.411	15.61	14.70	714
Var	5	29.057	25.34	19.18	1.790
		427.667			6.614

(1) Je n'ai encore reçu que ces neuf réponses (Voir page 67).

(2) Il s'agit ici, je le répète, de tous les enfants de moins d'un an élevés dans la famille ou confiés à des nourrices salariées.

(3) Ces moyennes ont été obtenues en divisant le nombre des décès par celui des survivants : $M = \dfrac{D\,0\,1}{S\,0\,1}$

TABLE DES MATIÈRES

II

III

ANNEXES